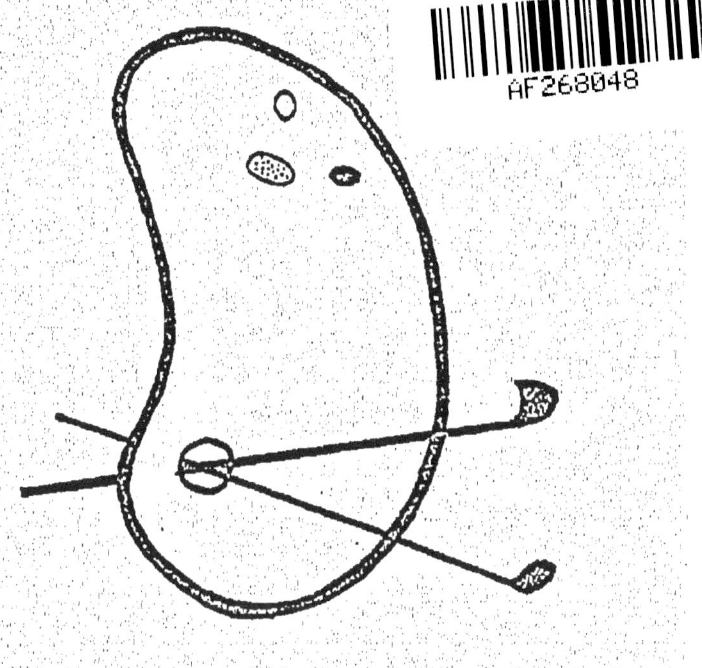

AF268048
DÉBUT D'UNE SÉRIE DE DOCUMENTS EN COULEUR

Couverture inférieure manquante

LES JACOBINS

DE TOULOUSE

DEUXIÈME ÉDITION

AUGMENTÉE D'UN

SUPPLÉMENT RELATIF AUX PEINTURES MURALES

DONT ON APERÇOIT ENCORE QUELQUES TRACES
DANS LA SALLE CAPITULAIRE

ET ENRICHIE D'UN

PLAN GÉOMÉTRAL DU COUVENT ET DE SES DÉPENDANCES

Par l'Abbé M. B. Carrière

DE LA SOCIÉTÉ ARCHÉOLOGIQUE DU MIDI

Prix : 60 centimes

A TOULOUSE

Chez tous les principaux Libraires.

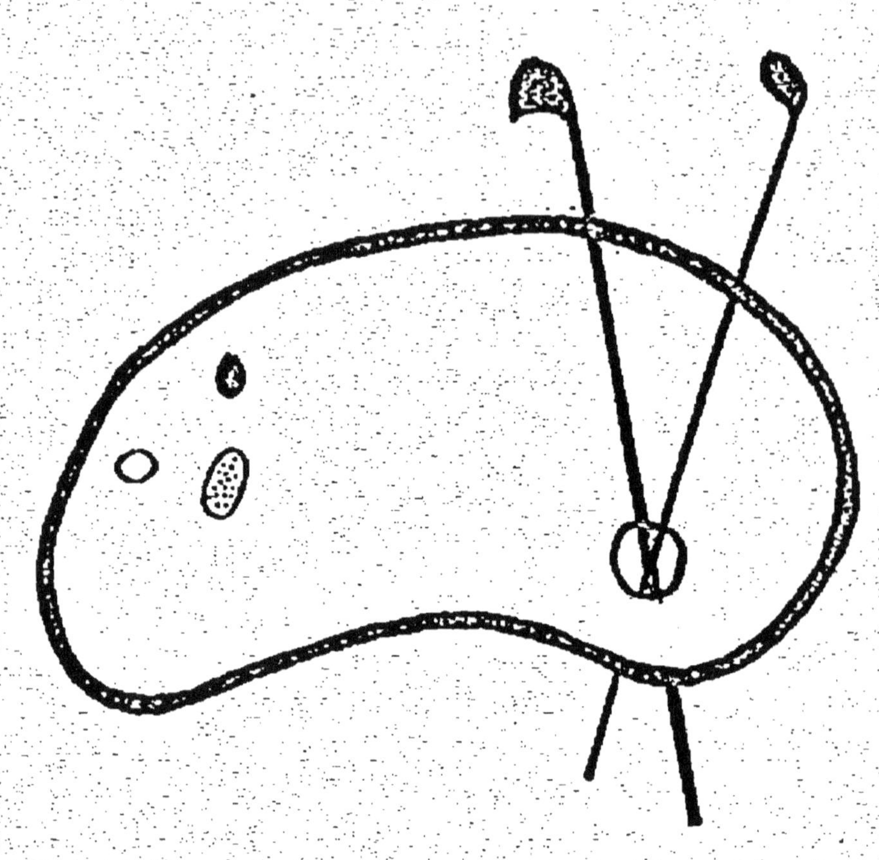

FIN D'UNE SERIE DE DOCUMENTS
EN COULEUR

LES JACOBINS

DE TOULOUSE (1)

PROLOGUE

Le monument dont nous allons essayer de raconter l'histoire a eu à subir de douloureuses vicissitudes. Si son passé nous rappelle de brillants et honorables souvenirs, il garde aussi l'empreinte de cruelles épreuves. L'avenir semble pourtant lui réserver de meilleures destinées. Le voilà déjà sauvé des ignominies auxquelles il était livré dans ces derniers temps. Les écuries militaires et les magasins à fourrages ont disparu, et ces vastes locaux, dont quelques-uns gardent encore, malgré les outrages du temps et des hommes, de remarquables vestiges de leur ancienne splendeur, sont appropriés pour une plus noble destination. C'est là que vont être étalés les divers produits des arts et de l'industrie pour l'Exposition de 1865.

Les visiteurs de l'Exposition ne seront peut-être pas fâchés de connaître un peu l'origine et la destination primitive des magnifiques salles qu'ils auront à parcourir, et c'est à cause de cela que nous avons entrepris le travail que l'on va lire.

I

Fondation de l'Ordre de saint Dominique.

Dominique de Gusman, fils de Félix de Gusman et de Jeanne d'Aza, né à Calaruega, petit village situé presque à égale distance d'Aranda et d'Osma, dans la vieille Castille, vint à Toulouse en 1203. Il ne commença ses prédications qu'en 1205. Il continua pendant dix ans à évangéliser nos contrées, ne portant ailleurs sa parole et le spectacle de ses vertus qu'autant qu'il le fallait pour le bien général de l'Église et le salut des âmes.

« Qu'y avait-il de plus désespéré (en cette année 1205) que l'état

(1) On sait que les Dominicains furent appelés *Jacobins*, parce que la première maison qu'ils eurent à Paris était située dans la rue Saint-Jacques, en latin : *via Sancti Jacobi* ; ou bien, parce que, au témoignage du P. Percin, l'église de leur couvent de Paris était dédiée à cet apôtre. Les Frères Mineurs furent aussi appelés *Rochets* (*Rocheti*) à Toulouse, parce que l'église du couvent qu'ils avaient dans cette ville, était sous le vocable de saint Roch.

» religieux du Languedoc? Le Prince (Raymond VI comte de Toulouse)
» était un hérétique passionné; la plupart des barons favorisaient l'hé-
» résie; les catholiques demeurés fidèles n'étaient plus qu'en petit nom-
» bre; l'erreur insultait par le spectacle d'une vertu factice aux désor-
» dres de l'Église; et le découragement avait atteint ceux-là mêmes
» qui portaient une foi inébranlable dans un cœur chaste et fort » (1).

Ce fut au milieu de ces conjonctures décourageantes que saint Dominique commença dans les murs de notre cité son périlleux apostolat. Il
préparait ainsi une génération de vrais croyants, et il jetait dans cette
terre travaillée par l'hérésie, les semences de cet Ordre illustre qui porte
encore avec honneur le glorieux nom de son saint fondateur.

Foulques de Marseille avait remplacé sur le siége de Toulouse Raymond
de Rabastens, privé de l'épiscopat par un décret du Souverain Pontife.
L'élévation de ce grand homme sur un siége aussi important, causa une
joie universelle dans l'Église. Rien n'a manqué à sa gloire, pas même
l'honneur d'être calomnié; et lorsqu'en 1215 il partit pour se rendre au
quatrième concile général de Latran, il emmena avec lui Dominique
devenu son ami et dont il favorisait les pieux desseins.

Dominique, en partant pour Rome avec l'évêque de Toulouse, n'avait
laissé dans cette ville que six disciples. Ils habitaient alors la maison de
Pierre Cellani. A son retour, il en trouva quinze ou seize. Dieu avait
béni et multiplié son troupeau. Il était temps de donner à cette nouvelle
famille de Jésus-Christ une forme définitive, et ce fut la préoccupation
dominante de saint Dominique à partir du printemps de l'année 1216.

L'Ordre était approuvé en principe dans son esprit et sa mission spéciale par Innocent III. Ce pape n'avait pourtant pas encore donné une dé-
nomination particulière à cet Ordre nouveau, lorsqu'ayant besoin d'écrire
à Dominique, il appela un secrétaire. « Écrivez, dit-il, sur telles choses
au *Frère Dominique et à ses compagnons;* et s'arrêtant un peu, il dit :
n'écrivez pas ainsi, mais en cette manière : au *Frère Dominique et à
ceux qui prêchent avec lui dans le pays de Toulouse;* puis s'arrêtant
de nouveau, il dit: écrivez comme ceci : *A Maître Dominique et aux
Frères Prêcheurs.* »

Dès la première année de son règne Honorius III, successeur d'Innocent, dictait aussi ses lettres avec la suscription suivante : « Honorius,
évêque, serviteur des serviteurs de Dieu, à ses chers fils le Prieur et les
Frères de Saint-Romain, *Prêcheurs* dans le pays de Toulouse, salut et
bénédiction apostolique. »

C'est ainsi que l'office et le nom de Frères Prêcheurs furent attribués
pontificalement aux religieux dominicains (2).

Cependant il était essentiel de se constituer sous la sauvegarde d'une
règle forte et sage, afin de se mettre à l'abri des séductions du monde et

(1) Lacordaire, *Vie de saint Dominique*, page 195.
(2) Lacordaire, *Vie de saint Dominique.*

des faiblesses de la chair. Obligé de choisir entre les constitutions de saint Benoit et de saint Augustin, Dominique préféra celles-ci comme étant plus en harmonie avec les exigences de sa vocation présente. Il s'y était d'ailleurs accoutumé pendant les longues années qu'il avait passées dans le chapitre régulier d'Osma.

Pendant que Dominique s'occupait ainsi de l'avenir spirituel de sa nouvelle famille, l'évêque Foulques pensait à l'établir d'une manière permanente dans les terres de sa juridiction épiscopale. Le P. Percin, dans son ouvrage, aujourd'hui devenu très rare, rapporte l'acte par lequel ce prélat alloue avec le consentement du Chapitre de Saint-Étienne et du Clergé de son Diocèse, le sixième des dimes destinées aux fabriques des églises de sa juridiction (1).

Il lui donne également trois églises à la fois; l'une à Toulouse, sous l'invocation de saint Romain, martyr; l'autre à Pamiers; la troisième entre Sorèze et Puy-Laurens, et connue sous le nom de Notre-Dame de Lescure. De ces trois églises, destinées à recevoir chacune une maison de Frères-Prêcheurs, la dernière n'en posséda jamais. Pamiers n'en eut une que très tard, en 1269. Il était réservé à l'antique Toulouse, la métropole du Languedoc et le foyer de l'hérésie, de devenir le berceau de cet ordre célèbre dans la ligne masculine, comme Prouille l'avait été dans la ligne féminine.

Le couvent de Saint-Romain, élevé rapidement sous les yeux de Dominique, était habitable à la fin du mois d'août de l'année 1216. Il était humble et modeste comme l'Ordre naissant qu'il devait abriter. Les cellules un peu moins longues que larges n'avaient pas plus de six pieds dans leur plus grande étendue. Les cloisons qui les séparaient ne s'élevaient pas tout à-fait à hauteur d'homme; les Frères pouvaient ainsi vaquer avec liberté à leurs offices sans cesser d'être toujours en une sorte de demi-présence les uns des autres. L'esprit de pauvreté y était répandu partout, et les meubles affectés à l'usage des religieux étaient vils. L'Ordre ne conserva ce couvent que jusques vers 1230. A cette époque ils se transportèrent dans la maison et l'église d'où la Révolution française les a chassés.

II

Les Dominicains quittent le couvent de Saint-Romain.

Les immeubles possédés par les Jacobins au moment de leur spoliation ne furent pas acquis tout d'un coup par leurs fondateurs. Ils

(1) Saint Dominique ne voulut pas conserver longtemps à son Ordre ce témoignage de bienveillance, tout honorable et utile qu'il pouvait être. L'esprit de pauvreté l'emporta sur les calculs de la sagesse humaine, et, par un acte public, daté de Rome du 15 des calendes de mai 1221, et jadis conservé dans les archives dominicaines, il renonce à perpétuité pour lui et pour son Ordre, au sixième des dimes de toutes lse églises paroissiales du diocèse de Toulouse.

achetèrent petit à petit et à mesure que les besoins de leur communauté
le réclamaient. Il est à présumer de là que leurs possessions primitives
étaient assez modestes. Lorsqu'ils étaient encore peu nombreux, le
petit espace occupé par le couvent de Saint-Romain était suffisant pour
le nombre restreint de religieux qui l'habitaient. Mais bientôt les béné-
dictions de Dieu fécondèrent si bien l'institution dominicaine, que la
pieuse colonie dut songer à dilater ses tentes. La charité vint à son aide
avec cette délicatesse qui lui est propre et cette spontanéité de dévoue-
ment que Dieu inspire, quand il lui plaît, pour l'accomplissement de
ses grandes œuvres.

« En l'an mille deux cent vingt-neuf, dit Catel, au mois de septem-
» bre, estant frère Raymond de Falguière, provincial du dit ordre (qui
» fut après euêque de Tolose), et frère Iean de Iosaunia, Prieur conuen-
» tuel du conuent de Sainct Rome, le sieur Pons de Capdenier, habi-
» tant de Tolose, acheta le iardin appelé de Garrigues, situé dans la
» paroisse de la Daurade, et près la place de Bretonnières, pour le
» prix de douze cent sols Tolosains, et après tant luy que Aurimonde
» sa femme, et Estiennette sa fille, le donnèrent aux sus dits Religieux
» pour y bastir une nouuelle Eglise, et y transferer les Frères du dit
» ordre qui résidoient à Sainct Rome. Dans ce iardin de Garrigues fust
» bastie depuis partie de l'Eglise, cloistre et dortoir, et le surplus de
» la place où est maintenant ce grand Monastère, fut acquis après par
» plusieurs supérieurs du dit Ordre. Foulques, qui estoit pour lors
» Euesque de Tolose, y apporta son consentement, et planta au dit
» iardin sa Croix, marqua et désigna le lieu où se deuait bastir le
» Monastère et cimetière. Ce faict, il logea les dits Religieux dans le
» dit Monastère, le Dimanche auant la Noël de l'an mille deux cent
» trente, en présence du Clergé et du peuple de Tolose. Foulques estant
» décédé, Raymond, religieux du dit ordre et compaignon de sainct
» Dominique, fut eslu euesque de Tolose, et tint le siège durant trente-
» neuf ans, pendant lesquels il transfera les dits Religieux au lieu où
» ils sont maintenant, ausquels il donnait tous les ans de drap pour
» vestir vingt Religieux. A suite et au temps que frère Raymond de
» Hunaud fut faict Prieur du dit Monastère, c'est assauoir depuis l'an
» mille deux cens quatre vingts cinq iusques en l'an mille deux
» cens quatre vingts quatorze fut bastie vne bone partie de la dite
» Eglise, et fut chantée la première Messe à l'autel Nostre Dame
» l'an mille deux cens nonante vn, et en fin l'Eglise fut acheuée aux
» depens et à la diligence de frère Guillaume Pierre de Godin, cardi-
» nal, lequel est enterré au costé de l'Evangile du grand Autel,
» auquel bastiment Raymond de Falgario, Euesque de Tolose, dona
» quatre mille sols Tolosains : c'est pourquoy il est enterré au milieu
» du chœur. I'ay remarqué aussi qu'en l'an mille trois cens huictante cinq
» et le deuxiesme octobre, ladite Église fut consacrée par l'Archeuesque
» de Lesbos, appelé *Metallinensis* qui estoit Carme ; à cette consecration

» furent presens le duc de Bourgogne, oncle du roy Charles sixième,
» qui en fut le parrin; le cardinal de la Tour, l'Archeuesque de Tolose,
» le Patriarche d'Alexadrie, les Euesques de Cahors, d'Auxerre et de
» Rieux, et les Comtes d'Etampes, d'Auxerre, d'Armaignac, de l'Isle
» en Jourdain, de Pardiac, d'Albret, et plusieurs Ecclésiastiques, entre
» lesquels estoit Frère Raimond Bequin, tolosain, Euesque de Linasse
» et Patriarche de Hiérusalem, qui fit bastir la Sacristie, ce que i'ay
» appris des anciennes Chroniques escrites à la main, tant par Frère
» Bernard Guido, Euesque de Lodeuve; Guillaume Pelissier, tolosain;
» que Frère Estienne de Salanhac, qui sont dans la Bibliotheque dudict
» Monastère. »

Il nous a paru bon de transcrire en entier le texte de Catel, afin de
n'enlever aucun mérite à la naïve concision de son récit. Le nôtre serait
incomplet s'il s'arrêtait là. Nous essaierons de satisfaire la juste curiosité
de nos lecteurs, en reprenant en sous-œuvre les indications de Catel.
Nous les complèterons de notre mieux à l'aide des monuments qui nous
restent, et dont le P. Percin nous fournira la part la plus large et la
plus intéressante.

Nous aurions voulu suivre en toutes choses l'ordre chronologique et
rattacher les faits l'un à l'autre par cette liaison des temps qui assure la
marche de la narration et soutient l'esprit du lecteur; mais il nous eut
fallu tomber fatalement dans des redites fatigantes en racontant en détail
l'histoire qui se rattache à chaque partie de ce vaste monument. Aussi
nous aimons mieux le parcourir pièce à pièce et raconter au pied de chaque vieux mur sa genèse et sa vie. Muets depuis tant d'années, ils répon-
dront peut-être à notre voix; et il nous arrivera plus d'une fois d'enten-
dre leurs clameurs au milieu du silence de l'histoire : *Et si hi tacuerint
lapides clamabunt.*

III

Le Couvent.

En entrant par l'impasse des Jacobins dans la grande cour du Monastère, aujourd'hui convertie en un square plein de fraîcheur, on trouve
sur sa droite le grand corps de bâtisse où logeaient les Frères Prêcheurs.
Cet édifice, bâti récemment, est plus remarquable par sa masse et l'ensemble imposant de ses lignes que par la richesse et la variété des orne-
ments architectoniques. Grande, simple, sévère et un peu basse, la façade
du Monument se déploie avec une majesté qui inspire plus de respect que
de charme.

Les bâtiments claustraux primitivement construits étaient devenus
sans doute insuffisants pour les besoins de la communauté, qui s'était
considérablement accrue. Il fallut pourvoir aux nécessités nouvelles et
construire le vaste couvent que nous voyons encore aujourd'hui. La date
de sa construction s'est conservée. On la lit à travers le badigeon qui la

recouvre sur la rampe du grand escalier, entre le rez-de-chaussée et le premier étage : *iche Tolosas fecit an 1775.*

L'intérieur du couvent, plusieurs fois remanié, et récemment encore soumis aux appropriations d'une caserne, ne nous dit rien de son passé. L'unique vestige que l'on rencontre de sa destination primitive, c'est un écusson contourné dans le goût du xviiie siècle et servant de claveau central au linteau droit d'une grande porte carrée qui s'ouvre au rez-de-chaussée, dans la cage du grand escalier. Cet écu porte, en pointe, le chien symbolique et si connu de saint Dominique, tenant dans sa gueule une torche allumée ; en chef une couronne d'où sortent, disposées en sautoir, une palme et une branche de lys aux fleurs épanouies.

Les vastes salles du rez-de-chaussée et les chambres dont les portes s'ouvrent encore dans les longs corridors sont muettes, tout cela est froid comme la mort. Le sentiment qu'on éprouve en parcourant cette demeure désolée, est plus empreint de douleur que de tristesse, et lorsqu'en jettant les yeux sur ces murs autrefois chargés de cartes de géographie et de pieuses images, on ne retrouve que le teint mat et uniforme d'une couche de chaux ; lorsque à la place des devises sacrées qui se lisaient autrefois sur la porte des cellules, on ne voit maintenant qu'un numéro ou une inscription qui rappelle la destination la plus vulgaire, on se sent saisi d'un frisson involontaire, on se demande s'il y aura désormais sur la terre quelque chose d'assez sacré pour échapper aux aveugles fureurs des populaces ou aux outrages de la spéculation.

Et pourtant, avant de sortir de cette enceinte, nous trouverons des profanations plus désolantes encore. Sachons mettre des bornes à l'expression de nos regrets, si légitimes qu'ils puissent être, et essayons d'étudier avec le plus de sang-froid qu'il nous sera possible, le monument que nous parcourons.

Nous croyons que la grande cour du couvent, sur l'un des côtés de laquelle se développe la majestueuse façade du monument dont nous venons de parler, n'a pas toujours été aussi nue qu'elle l'est aujourd'hui. Il paraît que des constructions affectées à des destinations maintenant inconnues, s'élevaient sur plusieurs points de cet espace vide. A défaut de renseignements plus positifs, il nous est permis de signaler, à l'appui de ce que nous avançons, la récente découverte de substructions encore existantes et se dirigeant principalement, à partir du couvent, vers la rue de l'Hospice militaire, autrefois *rue du Sac.* Les anciennes infirmeries du couvent devaient être situées en cet endroit, puisque, d'après un précieux monument, autrefois conservé dans les archives du monastère, et que le P. Percin nous a transmis, il est certain qu'elles touchaient à la rue du Sac ; voici, d'ailleurs, la teneur de cette pièce :

« Philippe (6, de Valois) par la grace de Dieu Roy de France : Au
» Sénéchal de Toulouse ou à son lieutenant, salut. Comme veüe une
» information faicte de nostre commandement, nous octroyons aux
» FF. Prêcheurs de Tolose, qu'ils puissent acquérir deux petites mai-

» sons, contenans de quarrure environ dix braces ; lesquelles maisons
» sont assises près de leur Infirmerie; d'autre part d'une petite rue, et
» qu'ils y puissent édifier ez dites maisons une tour pour les nécessaires
» de leurs frères malades et pour les hostes. Et leur permettons de faire
» un pont, pour passer de leurs infirmeries en ladite tour par dessus
» ladite petite rüe : A quoi il y aurait eu opposition. Nous vous mandons
» et commettons, que sur ladite opposition, appellez ceux qui sont à
» appeller, vous fassiez sommairement et deplain, bon et bref accom-
» plissement de justice. Et si vous trouvez, que sans préjudice d'autruy
» les choses requises pour lesdits Frères, puissent estre faites, ou que
» ceux à qui il appartient y consentent; laissez leur acquérir lesdites
» maisons et faire lesdits ouvrages : mais que toute fois ledit pont n'ait de
» large outre douze palmes, et qu'il ait de haut sur ladite petite rüe trois
» braces du moins. Car en tant, comme en nous est, sauf le droict
» d'autruy, nous leur avons octroyé et octroyons leur dite supplication
» par la teneur de ces lettres de grace et spécial don; mandant à tous
» qu'en cette partie nous obéissent. Donné au bois de Vincennes, le
» 28 juin, l'an de grace 1338, et avons fait mettre le scel de la Prévosté
» de Paris l'an et le jour que dessus; le sceau est pendant en cire
» verte. »

Le roi Philippe VI ne nomme pas la petite rue qui séparait l'infirmerie
des Jacobins des deux petites maisons qu'il leur permet d'acheter pour
bâtir sur leur emplacement une tour. Le P. Percin supplée à ce silence :
il croit que cette rue n'est autre que le *coin du Sac.*

Il n'est pas sûr que l'autorisation royale ait eu son plein effet. Les
maisons, il est vrai, furent achetées et la propriété des Jacobins s'étendit
au-delà de la rue du Sac. La tour fut construite, et leurs infirmeries ainsi
que le logement affecté aux hôtes, se trouvèrent considérablement
agrandis. Mais le pont fut-il jamais jeté sur la rue ? C'est ce que ne nous
apprend aucun des monuments parvenus jusqu'à nous. Il est même permis
de conjecturer que ce pont n'a jamais existé. Le P. Percin, si exact à
rapporter jusqu'aux plus petits détails de tout ce qui concerne la maison
à laquelle il appartenait, n'en parle pas. Tous les annalistes et historiens
de Toulouse gardent le même silence. N'est-on pas autorisé à conclure de
là, que l'opposition que le roi semble prévoir dans ces lettres de grâce a
réellement existé, et qu'il n'a jamais été permis aux Jacobins d'user d'un
semblable privilége?

Du reste, les Jacobins n'ont pas toujours possédé la partie de leur propriété qu'ils avaient acquise au-delà de la rue du Sac.

Mme de Lestonnac, marquise de Montferrand, fondatrice des religieuses
de Notre-Dame, qui déjà avait essayé plusieurs fois d'établir à Toulouse
son institut, réussit enfin à donner à ces saintes filles une demeure permanente, grâce à de pieuses largesses et à la vente que les Jacobins vou-
lurent bien consentir en sa faveur, de la partie de leur couvent située de
l'autre côté de la rue du Sac. Ces événements se passaient en 1630. Les

religieuses de Notre-Dame ne construisirent que plus tard la vaste maison qu'elles occupèrent jusqu'à la Révolution, et qui est aujourd'hui
l'hospice militaire. Mais dès le jour où elles s'établirent en ce lieu, des
barrières infranchissables déterminèrent les limites des propriétés respec-
tives des Jacobins et des religieuses de Notre-Dame du Sac.

IV

Le Cloître.

Qu'est-ce qu'un cloître ? « Un cloître est une cour entourée d'un por-
» tique. Au milieu de la cour, selon les traditions anciennes, devait être
» un puits, symbole de cette eau vive de l'Ecriture qui *rejaillit dans la vie
» éternelle.* Sous les dalles du portique on creusait des tombeaux ; le long
» des murs on gravait des inscriptions funéraires ; dans l'arc formé
» par la naissance des voûtes, on peignait les actes des saints de l'ordre
» ou du monastère. Ce lieu était sacré ; les religieux même ne s'y pro-
» menaient qu'en silence, ayant à l'esprit la pensée de la mort et la
» mémoire des ancêtres. La sacristie, le réfectoire, de grandes salles
» communes régnaient autour de cette galerie sérieuse, qui communi-
» quait aussi à l'église par deux portes, l'une introduisant dans le chœur,
» l'autre dans la nef. Un escalier menait aux étages supérieurs construits
» au-dessus du portique et sur le même plan. Quatre fenêtres ouvertes
» aux quatre angles des corridors y répandaient une abondante lumière ;
» quatre lampes y projetaient leurs rayons pendant la nuit. Le long de
» ces corridors hauts et larges, dont la propreté était le seul luxe, l'œil
» ravi découvrait à droite et à gauche une file symétrique de portes
» exactement pareilles. Dans l'espace qui les séparaient pendaient de
» vieux cadres, des cartes de géographie, des plans de villes et de vieux
» châteaux, la table des monastères de l'ordre, mille souvenirs simples
» du ciel et de la terre. Au son d'une cloche toutes ces portes s'ouvraient
» avec une sorte de douceur et de respect. Des vieillards blanchis et
» sereins, des hommes d'une maturité précoce, des adolescents en qui la
» pénitence et la jeunesse faisaient une nuance de beauté inconnue du
» monde, tous les temps de la vie apparaissaient ensemble sous un même
» vêtement. La cellule des cénobites était pauvre, assez grande pour con-
» tenir une couche de paille ou de crins, une table et deux chaises ; un
» crucifix et quelques images pieuses en étaient tout l'ornement. De ce
» tombeau qu'il habitait pendant ses années mortelles, le religieux pas-
» sait au tombeau qui précède l'immortalité. Là même il n'était point
» séparé de ses frères vivants et morts. On le couchait enveloppé de ses
» habits, sous le pavé du chœur ; sa poussière se mêlait à la poussière de
» ses aïeux, pendant que les louanges du Seigneur, chantées par ses
» contemporains et ses descendants du cloître, remuaient encore ce qui
» restait de sensible dans ses reliques. O maisons aimables et saintes !

» On a bâti sur la terre d'augustes palais ; on a élevé de sublimes sépul-
» tures ; on a fait à Dieu des demeures presque divines : mais l'art et le
» cœur de l'homme ne sont jamais allés plus loin que dans la création du
» monastère (1). »

Tels étaient, à peu près, en effet, tous les cloîtres du moyen-âge, et si dans les dispositions particulières nécessitées par les besoins de chaque ordre, on remarquait quelque légère différence, l'ensemble était toujours le même. Nous verrons, en étudiant notre beau cloître des Jacobins, quelles étaient les parties qui ne répondaient pas à tout le détail de la description qu'on vient de lire.

Il est essentiel, avant tout, de nous reporter à l'époque de sa construction. L'idée génératrice du monument fut émise dès l'an 1233. En cette année-là nous trouvons les Frères Prêcheurs occupés à la construction de l'église et du couvent, mais peu-à-peu, à mesure que les acquisitions des terrains nécessaires devenaient possibles ; ce qui ne l'était pas toujours à cause du mauvais vouloir de leurs possesseurs, dont la plupart étaient hérétiques, et de la cherté du fonds.

Ce fut principalement aux libéralités de l'évêque Raymond du Falgard que les Jacobins durent de pouvoir entreprendre successivement les diverses constructions qui leur étaient nécessaires. Ils furent également aidés par les Capitouls qui leur allouèrent à cet effet cinq cents livres. Aussi leur fut-il possible de commencer la construction du cloître, de bâtir la salle capitulaire, le dortoir, les cellules pour les Frères, les cuisines du couvent et de l'infirmerie, et, à côté des infirmeries, une chapelle pour les malades.

A ces largesses vinrent s'ajouter des libéralités particulières qui leur permirent de pousser la construction de leur église jusqu'au milieu de la nef et de fonder une bibliothèque non-seulement à leur usage personnel, mais aussi à celui des clercs et des séculiers.

La salle capitulaire dont nous venons de parler n'est pas celle qui existe encore aujourd'hui. Celle-ci ne date que de 1300 comme il sera dit en son lieu.

La partie du cloître qui fut construite en cette année 1233, s'étendait depuis le réfectoire jusqu'à l'église, abritant les portes du réfectoire, de la chapelle Saint-Antonin, de la salle capitulaire et de la sacristie. Il n'en reste plus rien ; tout est détruit, excepté quelques corbeaux encore fichés dans les murs et servant autrefois d'appui à la charpente du toit.

Les trois autres côtés du cloître furent élevés sous le Priorat de Frère Bertrand de Roqueville, en 1308 et 1309, savoir : le côté qui s'étendait le long de l'église était achevé avant la fête de l'Assomption de la Bienheureuse Vierge Marie (1308) ; et la partie qui régnait du côté du dortoir, fut bâtie entre la fête de saint Michel et celle de la Nativité du Sauveur de la même année ; enfin le quatrième côté ne fut achevé que pendant le carême et peu de temps avant la fête de l'Annonciation de l'année 1309.

(1) Lacordaire, *Vie de saint Dominique.*

Ces deux derniers côtés sont seuls debout, encore même ont-ils subi bien des outrages. Il en reste assez pour se faire une idée exacte du coup-d'œil enchanteur que devait offrir l'ensemble de ce beau cloître, conçu et exécuté dans le goût le plus pur du style ogival.

L'ogive à tiers point, aux angles dissimulés par un demi-boudin, règne partout. Les lignes architectoniques en sont sévères et sobres comme toute l'architecture de cette époque, dont la grâce sans afféterie ressort principalement de l'harmonie des proportions.

Le côté opposé à l'Eglise n'a que quinze travées. Les chapiteaux qui couronnent les colonnes accouplées supportant la retombée des arcs sont caractéristiques et d'une très belle exécution. Ils sont animés ou feuillagés. On y remarque des monstres bizarres à queue de sirène et des oiseaux becquetant des fruits.

L'autre côté a dix-huit travées. Tous les chapiteaux sont feuillagés dans le style de l'époque. Ce sont tantôt des feuilles à crochet et tantôt de larges feuilles d'eau.

Le préau s'étendait au milieu de ce ravissant quadrilatère dont le périmètre était défendu par un soubassement maçonné qui supportait les colonnettes du cloître. Des exhaussements successifs ont enfoui sous le sol ce soubassement, même dans les parties du cloître échappées à la destruction.

Le puits traditionnel et symbolique existait au milieu du préau; on en a retrouvé la maçonnerie en creusant le bassin qu'on y voit en ce moment.

V

Le Réfectoire.

En l'année 1303, sous le Priorat de Frère Loup, de Bayonne, fut construit le grand et beau réfectoire : *Refectorium magnum et pulchrum,* comme l'appelle le manuscrit de Guidonis.

Il est, en effet, grand et beau ce réfectoire. Il n'a pas moins de 50 mètres de long, 12 mètres de large, et environ 15 mètres de haut, sous clef de voûte. Il fut terminé avant la Noël de 1303, et, en grande partie, aux frais du Monastère de Prouille.

On n'aperçoit de la voûte que les arcs doubleaux; les autres arcs et les clefs qui les relient les uns aux autres sont cachés par un plancher uni. Les vigoureux arcs doubleaux qui paraissent sont formés de deux rangs de claveaux. Le rang supérieur se compose d'une baguette et d'un tore ; un listel le sépare du rang inférieur, composé d'une baguette et d'un gros tore à pointe mousse très large.

Sur le flanc droit de cette salle, en entrant par la porte du cloître, on aperçoit encore un double arc à contre-courbure, sous lequel s'abrite une décoration qui paraît être un paysage.

Une couche uniforme de badigeon qu'on vient de passer sur les murs,

cache aux regards des fragments de peinture polychrome que des bour-
soufflures opérées dans le crépi avaient mis à jour. Cette salle, comme,
du reste, toutes les principales parties du Monastère, était remarquable
non-seulement par l'étendue de ses dimensions et ses caractères architectoniques, mais encore par la richesse des peintures murales dont elle
fut décorée à différentes époques.

Il est certain que des modifications, quelquefois importantes, ont plus
d'une fois changé l'aspect de cette salle. Je ne parle pas des deux ouvertures carrées qui la déparent; mais en jetant un simple coup-d'œil sur
les longues fenêtres lancéolées qui l'ajourent, il est aisé de se convain-
cre qu'elles appartiennent à une époque postérieure à la construction de
la salle elle-même.

La plus intéressante s'ouvre sur le flanc gauche et donne entrée sur
une cour, autour de laquelle régnait autrefois le petit cloître des étran-
gers, qu'on appelait *cloître extérieur*, bâti en 1306, sous le Priorat de
G. Guillaume de Anhapis. Ce petit cloître fut détruit en 1609.

On voit encore à l'extérieur de cette fenêtre, les encorbellements des
arcs brisés d'une voûte qui couvrait un édicule dont on ignore la destination. C'était peut-être la chaire du lecteur.

Nous ne devons pas oublier d'appeler l'attention des visiteurs sur la
toiture aiguë qui couvre cette magnifique salle. C'est un des rares et précieux spécimens de ces toits à pentes rapides, recouverts de petites bri-
ques plates si communs dans le Nord, surtout au moyen-âge, et que les
modes nouvelles finiront peut-être bientôt par faire disparaître entièrement. La rapidité de la pente était heureusement dissimulée sur les faça-
des, par ces frontons gradués qui reposaient l'œil et qui sont encore
entourés aujourd'hui d'une auréole de poésie que les siècles ont consacrée. A l'extrémité du réfectoire, du côté de la rue Pargaminières, on
voit une petite cour avec un grand portail donnant sur la rue. Il a remplacé la porte ogivale sous laquelle fut assassiné le président Duranti.

VI

Chapelle de Saint-Antonin.

Nous voici en présence d'un des plus charmants monuments que le
XIVe siècle ait légué à notre Midi. Il mérite, de notre part, une attention
toute spéciale. Nous voulons parler de la magnifique chapelle de Saint-
Antonin, moins remarquable par son étendue que par sa destination
primitive, l'heureuse harmonie de ses proportions, et surtout par la
richesse et la beauté de ses peintures murales. Nous n'en voyons aujour-
d'hui que des restes informes échappés par hasard aux coups redoublés
du temps et des barbares. Et pourtant quel éclat encore, même sous
l'épaisse et terne poussière qui les couvre, dans ces lambeaux de diverses couleurs! Recueillons-nous avant de continuer notre étude, aussi
bien nous sommes ici dans la demeure des morts; car la chapelle de

Saint-Antonin était, à proprement parler, le cimetière des FF. Prêcheurs. Elle était entièrement achevée en 1344, grâce aux libéralités de l'illustre Frère Dominique Grinier, l'un des plus célèbres théologiens de son temps, qui fut plus tard Maître du Sacré-Palais (1), puis évêque de Pamiers, aussi distingué par ses vertus que par sa science : *Hic*, dit le P. Percin, *œdificare fecit suis sumptibus Capellam ubi fratres nostri sepeliuntur in 24 tumulis.*

Outre ces vingt-quatre tombeaux destinés à la sépulture des Frères, il y en avait six spécialement réservés aux vénérables Chanoines de l'église cathédrale Saint-Antonin, de Pamiers. Lorsqu'un de ces chanoines mourait à Toulouse, les Dominicains l'ensevelissaient selon le rit particulier à leur ordre, allant eux-mêmes faire la levée du corps à la maison du défunt et en dehors du curé de la paroisse sur laquelle le décès avait eu lieu.

Il paraît, du reste, que les Jacobins pouvaient disposer au besoin de l'un de ces tombeaux. C'est ce qu'ils firent à l'égard de Jean de Lestang, prêtre de Toulouse, Docteur en Théologie, mort le 14 juin 1651. On lui accorda le troisième tombeau du côté de la salle capitulaire. Ce fut une faveur spéciale qu'on voulut bien faire à ce digne prêtre, quoiqu'il ne fût point chanoine de Pamiers, à la demande de Charles de Monchal, archevêque de Toulouse, qui l'honorait d'une affection toute particulière, et qui voulut célébrer les saints mystères pour le repos de son âme, dans cette chapelle. Les larmes que le pieux prélat répandit sur sa tombe honorent encore sa mémoire. Du reste, il se montra reconnaissant à l'égard des Jacobins de la grâce qu'ils avaient faite à son ami.

La nef de la chapelle se compose de deux travées. Le sanctuaire est ajouré par trois belles fenêtres ogivales géminées. Le meneau du milieu est surmonté d'un gracieux timpan ogival.

La clef de voûte du sanctuaire d'où partent les nervures qui s'épanouissent tout autour, est formée d'un écu qui porte : « d'azur à un » navire d'argent flottant sur des ondes de sinople, dans lequel est un » saint vêtu d'un rochet d'argent qui étend une main hors du bord au » milieu de deux aigles de sable, l'un à la proue, l'autre à la poupe. »

Ce sont les armes du chapitre de Pamiers ; et le Saint qu'on voit dans le navire, est saint Antonin, martyr.

La clef de voûte de la seconde travée, du côté du sanctuaire, repré-

(1) C'est au pape Honorius III qu'est due l'institution de l'éminente charge de Maître du Sacré-Palais ; il en revêtit saint Dominique qui en fut le premier titulaire. Une des principales fonctions de ce dignitaire est de désigner les orateurs qui doivent prêcher devant le Pape, d'examiner et censurer leurs discours, de les reprendre publiquement s'ils n'avaient point obéi à ses prescriptions. Une copie de chaque discours doit être remise au Maître du Sacré-Palais, qui a la haute direction sur l'instruction religieuse de la famille pontificale. . . . .
Une Constitution de Calixte III, confère à perpétuité les fonctions de Maître du Sacré-Palais à un des Religieux les plus distingués de l'Ordre (Dominicain). Les fonctions de censeurs et réviseurs des livres et des productions de la presse romaine, ont été attachées à la charge de Maître du Sacré-Palais. (Manavit, *Histoire des Chapelles papales.*)

sente un prélat revêtu de l'habit dominicain. Il porte dans la main gauche le bâton pastoral à volute et il est coiffé de la mître.

La clef de la première voûte, en entrant, porte : *d'azur semé de France.*

Les peintures de cette admirable voûte représentent, au centre, l'Agneau apocalyptique, passant sur les genoux d'un personnage nimbé d'or, qui ne saurait être que Jésus-Christ. Tout autour apparaissent les vingt-quatre vieillards chargés chacun d'un instrument de musique et chantant les louanges de l'agneau qui a été immolé.

Une double ligne horizontale qui règne tout autour de l'édifice, à la hauteur des chapiteaux des pilastres, renferme une belle inscription latine écrite en lettres gothiques du xive siècle. Cette inscription, qui rappelait les principaux actes de la vie de saint Antonin, servait de texte explicatif aux admirables tableaux peints au-dessous et qui reproduisaient la vie de ce saint martyr (1).

Cette chapelle avait été convertie dans ces derniers temps en une infirmerie de chevaux. Aussi les peintures et l'inscription ont-elles beaucoup souffert. Des textes et des tableaux entiers ont complètement disparu. Parmi ceux qui restent, il en est peu de complets ; mais une étude attentive et intelligente de ces précieuses reliques pourrait amener assez facilement la restauration de cette admirable page de l'art chrétien.

Les traits non encore entièrement effacés laissent voir saint Antonin revêtu de la tunique diaconale, bien que saint Antonin, archevêque de Florence, qui a écrit sa vie, assure qu'il a été ordonné prêtre. C'est cette biographie, dans laquelle on remarque plus de piété que de critique, qui paraît avoir inspiré les légendes de la chapelle.

La porte ogivale de la chapelle de saint Antonin qui s'ouvrait sous le cloître est surmontée d'un écusson blasonné de la manière suivante par le P. Percin : *coupé, au premier un Lion rampant dans un Orle semé de seize bezans ; au second de gueules ; au troisième, du Chapitre de Pamiers.*

On lisait aussi sur le mur qui est du côté du réfectoire une longue inscription en vers latins qui rappelait à la fois la destination de la chapelle et les sentiments d'abnégation qui animaient les Religieux en présence de la mort dont la pensée leur était familière.

Nous nous plaisons à donner la traduction de cette pièce. La douce mélancolie qu'inspire sa lecture, au lieu d'affaiblir et de dégrader les

(1) Il paraît que le saint martyr qu'on honore à Pamiers n'est pas différent du martyr saint Antonin qui souffrit à Appamée. La ressemblance des noms latins de ces deux villes (*Appamea*, Appamée. — *Appamiœ*, Pamiers), a pu être la première cause d'une erreur que le temps a consacrée. Les plus habiles critiques prétendent que les actes de ce saint, qui ont servi de base à l'opinion de ceux qui mettent son martyre à Pamiers, ne méritent aucune créance. Quoiqu'il en soit, il est certain qu'il existait vers la fin du viiie siècle un monastère érigé sous son invocation et enrichi de ses reliques. Pépin lui fit des donations considérables qui furent plus tard confirmées par divers diplômes, et l'abbaye devint si florissante et si célèbre, qu'il se forma bientôt autour d'elle une ville qui est aujourd'hui un siége épiscopal.

(Godescard, Baillet, le P. Longueval, *Histoire de l'Eglise gallicane.*)

âmes, les fortifie et les élève. L'espoir d'une vie meilleure calme les douleurs de celle-ci, et la mort paraît moins amère lorsqu'elle est envisagée comme une juste expiation et qu'elle nous apparaît comme l'aurore d'une récompense méritée par de rudes labeurs :

« Divin Fils de Marie, regarde d'un œil de miséricordieuse bonté les
» beaux, saints et pieux tombeaux de nos Frères. Donne à côté de toi
» un asile à celui qui nous en a préparé un en ce lieu : Frère Dominique
» (Grinier), Evêque de Pamiers, Docteur en la sainte philosophie, aussi
» modeste que pieux.

» Cette chapelle, qui fut à lui, berceau de pauvreté, sanctuaire sacré,
» conserve encore son doux souvenir.

» Si vous y pensez, vous qui vivez, après votre mort elle gardera vos
» corps, mais non vos âmes. Pensez-y bien pour ne pas les perdre
» comme des insensés.

» Car si, comme cet homme illustre, chacun meurt dans l'amitié du
» Christ, son âme lui sera unie pour toujours.

» Regarde, mortel, quelle demeure on te réserve après ta mort.
» Méchante pour les méchants, la mort sera pour les bons la voie du
» salut. Abandonne les méchants, vertu qui ne saurait leur être utile
» après leur mort.

» La mort est douce; elle est un bonheur, un festin désiré pour les
» justes et une expiation toute prête.

» La mort est agréable aux bons; elle est, pour les exilés, l'échelle
» du ciel.

» La mort est pour les méchants une juste vengeance.

» La mort heureuse des Frères, les met sur la trace de leurs Pères.

» Je vais mourir, cendre et poussière, et retourner enfin en poussière.

» Je finis dans l'Ordre où j'ai commencé. Je vais mourir.

» Je vais mourir en suivant ceux qui m'ont précédé; et je serai bien-
» tôt suivi moi-même.

» Je ne serai ni le premier ni le dernier; je vais mourir.

» Je vais mourir. Je vais où court toute créature qui vit. Tout voya-
» geur comme moi doit dire aussi : je vais mourir.

» Pauvre je vais mourir, n'emportant rien avec moi.

» Je suis assez pur pour mépriser le monde, je passe, je vais mourir.

» Je vais mourir tranquille, parce que j'ai suivi les préceptes du Christ.

» Il meurt en sûreté celui qui a été fidèle au Seigneur.

» Riche, je vais mourir. Les richesses et l'or ne me donnent aucune
» considération ; je vais mourir.

» Vivant, je vais mourir, et m'égaler à ceux qui ne sont plus. Si je n'ai
» pas passé, je passe; je vais mourir.

» Je vais mourir, c'est logique. La mort va bientôt tirer pour moi la
» conclusion de ce que j'enseigne aux autres. Je vais mourir. »

Nous avons essayé de rendre, dans notre traduction un peu libre, la pensée du pieux poète. Nous n'avons pas même pû indiquer les nombreux jeux de mots dont il a émaillé sa poésie. Nous ne savons pas son nom. Moine obscur, il a travaillé dans l'ombre du cloître, méditant sur la tombe de ses frères et regardant d'un œil calme celle qui l'attendait. Il n'a pas désiré leurs applaudissements ni redouté leur critique ; il n'a rien attendu de la postérité. Pourquoi aurait-il légué son nom à l'histoire, lui qui ne voulait que donner son âme à Dieu? Quel prix pouvait-il attacher à une immortalité menteuse, lui qui ne savait qu'un mot : « Je vais mourir ?... »

Dominique Grinier, fondateur de la chapelle, était enseveli dans le sanctuaire, au pied de l'autel. Un marbre sur lequel il était représenté, couvrait sa tombe, mais son épitaphe était écrite sur le mur, du côté de la salle capitulaire.

Elle était ainsi conçue :

« *Frater Dominicus Domini cultor Benedictus Doctor mirificus et*
» *Episcopus Appamiensis sumptibus immensis opus hoc fabrefecit amicus*
» *Indè Deo gratus regnet sine fine beatus.* »

Une crypte avait été creusée sous ce sanctuaire. On y transportait les corps des Frères lorsque la nécessité obligeait de les retirer du tombeau dans lequel ils étaient ensevelis pour faire une place à un nouveau défunt.

L'anecdote la plus piquante peut-être qui se rattache à l'histoire de la crypte de la chapelle de Saint-Antonin, c'est celle que raconte le F. Jean de Sainte-Marie dans sa vie de saint Dominique, et, après lui le P. Percin. Elle se rapporte à un cercueil de bois posé sur deux bancs et dans lequel on conservait le corps d'un Frère ou d'une Sœur de l'Ordre.

Voici comment s'exprime, à ce sujet, Jean de Sainte-Marie : « Je
» n'oublierai pas la sépulture de cette vertueuse Dame qui nourissait les
» catholiques pendant la persécution des hérétiques : laquelle pour cette
» charité fut appellée la *Bonne Sœur*. On la voit dans nostre Charnier
» couchée dans sa bière, les mains en croix sur la poitrine, couverte
» d'un suaire fort blanc sans aucune corruption de son corps. »

Le P. Percin fait remarquer que Jean de Sainte-Marie ne dit rien du nom de cette femme, du temps où elle a vécu, ni contre quelle secte d'hérétiques elle a protégé les Catholiques. Mais, dit-il, « quoique je ne sois pas
» devin, je ne crois pas me tromper en assurant que c'est une certaine
» dame Pélicier qui s'est distinguée par sa charité à l'égard des Catholiques,
» par la protection et les secours de tout genre qu'elle leur a prodigués
» lorsqu'ils ont eu tant à souffrir à Toulouse de la part des Luthériens
» et des Calvinistes, comme le savent tous ceux qui ne sont pas entière-
» ment ignorants en histoire. Et comme, d'ailleurs, elle a été une des
» plus généreuses bienfaitrices de ce couvent, elle a été appelée par nos
» frères : la *Bonne Sœur*.

» J'ai vu son cadavre, ajoute l'annaliste Dominicain; il est entier.
» J'ai découvert sa tête, son bras gauche et le tibia. Il n'a rien de fétide ;
» il est cependant desséché derrière les épaules. Je l'ai trouvé enveloppé

» de deux linges dont l'un est détérioré sur plusieurs points; l'autre est
» entier et très blanc; et cependant il y a, je pense, plus de quarante
» ans qu'il est enseveli, au dire de nos Frères les plus anciens, puisque
» ce fut notre Frère Barthelemi, sacristain, qui le déposa dans le tom-
» beau où il est encore. »

A dater de la réforme de l'Ordre, qui eut lieu vers 1600, les Chapitres se tenaient dans cette chapelle. Les Frères y faisaient aussi leur profession. Prosternés sur la tombe de ceux qui les avaient précédés, ils ne pouvaient s'empêcher, en entrant dans la vie régulière, d'en considérer le terme, et ils devaient s'appliquer ces paroles d'Optat de Milève (1) :

« Nous sommes comme un fleuve qui roule ses flots entre ses deux
» rives : notre vie s'écoule entre notre Profession et le tombeau, et nous
» vivons ensevelis même avant de mourir. »

Afin d'entretenir dans leur esprit ces pensées salutaires, les Religieux se rendaient tous les jours, avant le dîner et le souper, dans cette chapelle pour y réciter le *De profundis* et l'oraison *Absolve,* etc.

On permit pendant longtemps à la corporation des Chirurgiens jurés de Toulouse d'y célébrer sa fête, le jour des SS. Cosme et Damien, et d'y faire subir, devant l'autel, l'examen aux nouveaux candidats. Ceux-ci n'étaient admis qu'après avoir prêté serment de soigner les pauvres gratuitement. Cette chapelle fut ornée par eux en 1635.

VII

Salle Capitulaire.

Frère Yterius de Copinhac, du diocèse de Limoges, succéda dans la charge de Prieur à Arnauld de Prat, en 1300. Ce fut sous son Priorat, qui dura moins de deux ans, que fut construite la belle salle capitulaire, voûtée et ornée d'une chapelle qui existe encore. Arnaud ou Anélius de Villards obtint pour cette construction 800 livres tournois. Il portait : *d'argent à trois pals de gueules.* Ses armes sont répétées trois fois sous la voûte.

Cette magnifique salle s'étend parallèlement au cloître. Elle est divisée en deux nefs par deux piliers très grêles qui supportent sur leurs chapiteaux la retombée des nervures de la voûte au nombre de huit pour chaque pilier. Elles s'épanouissent, s'élancent, et vont se ramifier pour fermer les divers arcs des voûtes latérales, supportées à leur tour par de petites colonnettes très fines, très élancées, à peine appliquées aux murs et aux angles.

Trois grandes et belles portes donnaient entrée du cloître dans cette salle. Celle du milieu est seule ouverte aujourd'hui.

Vers l'an 1626, le Frère Gabriel Ranquet, élu Prieur pour la seconde

____

(1) Ville de Numidie, en Afrique.

fois, la fit orner de magnifiques peintures à l'occasion de la tenue du septième chapitre général. Elles coûtèrent 9090 livres, dont 9000 furent données par les habitants de Toulouse. Ces fresques reproduisaient les portraits des hommes les plus illustres de l'Ordre. Une courte inscription rappelait l'origine du personnage, les charges qu'il avait occupées, et la date de sa mort. De riches écussons portaient les armes de sa famille ou celles qu'il avait choisies en entrant en charge lorsqu'il avait été élevé à une dignité qui donnait droit à des armoiries.

Il reste encore quelques précieux lambeaux de ces peintures, qui n'ont pu disparaître entièrement sous l'action de tous les agents destructeurs qui ne leur ont pas manqué.

VIII

La Sacristie.

Entre la salle capitulaire et l'église se trouvait la Sacristie. Elle fut construite en 1313, sous le Priorat de F. Raymond Béquin, de Toulouse, qui plus tard devint évêque de Lynisse (en Chypre), et patriarche de Jérusalem. Il fut créé cardinal par le pape Jean XXII, en 1321, et Maître du Sacré-Palais.

Le *Gallia christiania* dit qu'avant d'être fait patriarche de Jérusalem, Raymond Béquin avait été évêque de Nîmes; mais il ne paraît pas qu'il ait jamais occupé ce siége.

La Sacristie, par la beauté de son architecture et ses vastes dimensions, était digne des magnifiques bâtiments dont elle faisait partie. Il n'en reste plus aujourd'hui que le *sacellum* ou sanctuaire. La nef, autrefois divisée en deux travées par une belle voûte ogivale, ne laisse plus paraître le moindre vestige de sa splendeur primitive. Un lourd plancher la sépare en deux parties dans sa hauteur, et la voûte en est entièrement démolie.

IX

Église des Jacobins.

Nous avons déjà vu que les fondements de l'Église des Jacobins furent jetés en 1230 par l'évêque Foulques. Ce prélat, accompagné de son clergé, en posa la première pierre, célébra la messe dans l'oratoire préparé à cet effet, bénit le cimetière et adressa la parole au peuple.

Trois ans après, 1233, nous avons retrouvé les Frères Prêcheurs encore occupés à la construction des diverses parties de leur couvent et à la continuation de l'église.

Les travaux se poursuivaient ainsi avec cette lenteur et cette prudence qui assurent la durée, et à mesure que de nouvelles largesses mettaient les religieux à même de donner à leur œuvre une nouvelle impulsion.

Ce fut principalement aux pieuses largesses de F. Pierre-Guillaume de

Godivo, cardinal du titre de Ste-Cécile, qu'on dut l'achèvement de l'édifice sacré; et, s'il faut en croire le P. Percin, on put le considérer comme terminé avant l'année 1385.

Le même annaliste nous apprend qu'à cette époque le maître-autel du chœur n'était point construit, et le chœur n'était pas achevé. Il n'y avait d'autre autel majeur que celui de la chapelle du chevet, dédié à Notre-Dame du Rosaire.

Le corps du cardinal de Godivo, mort à Avignon en 1336, fut transporté dans l'église des Jacobins en 1386. Après avoir été déplacés plusieurs fois, ses restes furent enfin définitivement déposés dans le sanctuaire, au côté de l'Évangile.

Au-dessus de la porte de l'église qui s'ouvrait dans le cloître, on voyait le cardinal offrant à la Mère de Dieu l'église qu'il avait achevée.

Ses armes étaient répétées plusieurs fois sur les clefs de la voûte qu'on éleva par ses dons, ainsi que sur plusieurs verrières. Il portait : « Parti : » au premier, d'or à trois fasces de gueule; au deuxième, coupé : au » premier, d'argent à un château surmonté de trois tours crénelées de » gueules, massonnées de sable; au deuxième, d'argent à un arbre » feuillé de sinople, sur un mont de même, et surmonté d'un chevron » de même. »

A l'inspection du monument, il est difficile d'accorder une entière créance aux assertions du P. Percin, lorsqu'il assure que l'église était achevée avant l'année 1385 : « *Perfectum opus est nostræ Ecclesiæ ante* » *annum 1385.* »

Le chevet et une partie de la nef sont évidemment postérieurs à cette date. Tous les caractères architectoniques le démontrent. L'on aperçoit d'ailleurs à l'extérieur, au moins du côté du cloître, la soudure des murs appartenant à deux époques bien distinctes.

Cette divergence de style n'empêche pas l'œil d'être ravi par l'ensemble plein de grâce et de majesté qui se déploie sur une longueur de 84 mètres 80 centimètres, et une largeur de 32 mètres 40 centimètres hors œuvre. Soit, dans œuvre, 70 mètres 80 centimètres de la façade au chevet, et 19 mètres 50 centimètres entre les deux flancs, non compris les chapelles. La hauteur de l'édifice, sous clef de voûte, est de 26 mètres. Les piliers ont 19 mètres 50 centimètres de haut. Les six premiers ont 1 mètre 28 centimètres de diamètre, et le dernier, celui du chevet, 1 mètre 48 centimètres.

La hauteur actuelle du clocher, élevé au flanc gauche de l'édifice, est de 44 mètres. L'élévation présumée, en y comprenant la belle flèche octogonale qui le surmontait, devait se porter à 58 mètres. Cette flèche fut démolie par arrêt de la Municipalité révolutionnaire, le 20 juillet 1792. Le Directoire autorisa les Municipaux de Toulouse à commettre cet acte barbare, pour en retirer le plomb qui y était renfermé en quantité considérable. Le bénéfice devait dépasser de beaucoup les frais de démolition, et cette triste considération fut jugée assez grave pour légitimer la chute d'un des plus beaux monuments de notre cité.

Ces dimensions étant données, qu'on se figure un long parallélogramme dont un des côtés, le chevet, s'arrondit en un gracieux pentagone.

L'intérieur du monument est divisé par sept colonnes, suivant l'axe, destinées à recevoir la retombée des arcs de voûte.

C'est bien là le temple de la Sagesse, bâti sur sept colonnes : *Sapientia œdificavit sibi domum, excidit columnas septem.* (Pr. IX, 1.)

Deux nefs se trouvent ainsi en présence partageant, dans sa longueur, l'ensemble de l'édifice. Le regard du spectateur, attiré par ces lignes qui se combinent avec un art admirable, se porte sans fatigue vers le chevet où le talent de l'architecte s'est déployé avec une grâce et une fécondité qui étonnent.

Le chevet placé à l'orient, selon les traditions du symbolisme chrétien, était la partie principale du monument. Il figure le *chef* ou la tête du Sauveur, et c'est là, généralement, qu'il repose, humilié et caché, trahi seulement par la lampe mystérieuse allumée devant son tabernacle et par la magnificence des décorations qu'on sème à profusion autour de sa personne divine.

Ici, comme dans beaucoup d'autres églises, et notamment à la Dalbade, le chevet s'incline légèrement à droite pour rappeler la position de la tête de Jésus au moment où il rendit son dernier soupir sur la croix : *Et inclinato capite, tradidit spiritum.*

Seulement, aux Jacobins, cette inclinaison est à peine sensible.

Un autre trait de ressemblance entre notre église et à peu près toutes celles que j'ai vues appartenant à la période ogivale, et principalement à la période secondaire et tertiaire, c'est que les liernes de la voûte qui réunissent les clefs d'une travée à l'autre en dessinant l'axe des nefs, forment une ligne brisée au lieu d'une ligne droite. Cette ligne mal assurée semble avertir le chrétien qu'il ne doit s'avancer vers le Saint des Saints qu'en tremblant : *Pavete ad sanctuarium meum.*

Elle peut rappeler aussi que la vie humaine est semée d'incertitudes, et souvent marquée par de tristes défaillances; qu'il ne faut pourtant pas se décourager, mais se relever après ses chutes et s'efforcer, par un nouvel élan, d'atteindre le but pour lequel nous avons été créés.

Arrêtons-nous un instant sous le pilier du chevet. Il a 20 centimètres de diamètre de plus que les autres, et cette augmentation de volume, quoique apparente, attire à peine l'attention, tant l'harmonie des proportions est sauvegardée !

Il était, d'ailleurs, nécessaire de donner à ce pilier plus de développement qu'aux six autres, puisqu'il était destiné à supporter la retombée de tous les arcs de voûte disséminés tout au tour du chevet et à les relier en faisceau. Aussi il est difficile d'imaginer quelque chose de plus majestueux, de plus gracieux, de plus séduisant que cette immense colonne s'élançant dans les airs avec une hardiesse étonnante, s'arrêtant tout-à-coup pour se couronner d'un de ses légers chapiteaux feuillagés rêvés par l'imagination capricieuse de nos vieux artistes, et d'où sortent en s'épanouissant comme un gracieux bouquet, les vingt-deux nervures qui soutiennent les voûtes pour retomber, après s'être mollement arrondies dans les airs, sur les charmants pilastres du chevet et des latéraux destinés à les recevoir.

Le moyen-âge nous a laissé bien des monuments qui excitent encore notre admiration et notre envie, mais il en est peu qui fassent éprouver plus de charme et qui donnent une plus haute idée de l'art chrétien que cette admirable église des Jacobins de Toulouse.

Essayons maintenant d'en parcourir les détails.

Avant d'arriver à la grande porte latérale du monastère qui existe encore dans son état primitif, se trouve une autre porte où l'on monte aujourd'hui par deux marches en pierre. C'est par là que les fidèles entraient dans le porche qui les conduisait dans l'église. Il y a cette différence, entre l'état passé et l'état actuel des lieux, que cette ouverture, maintenant murée et ramenée aux mesquines proportions d'une porte carrée très ordinaire, était autrefois entièrement ouverte, et donnait ainsi aux fidèles un large passage qui les conduisait, par un assez grand nombre de degrés, dans le porche qui se trouvait de plain-pied avec l'intérieur de l'église. Ce porche se prolongeait le long de la façade de l'église et était, à son extrémité, séparé du couvent par un mur, au travers duquel une porte ogivale donnait entrée dans le cloître. Cette porte était habituellement fermée; mais elle pouvait s'ouvrir au besoin.

Le grand portail d'entrée était percé dans le flanc droit de la façade. Dessiné dans le style de l'église, ses nombreuses voussures ogivales, ses frêles colonnettes, ses gracieux chapiteaux subjuguaient l'attention. A droite et à gauche (comme aux deux côtés du grand portail de l'église du Taur) étaient placées deux statues en pierre représentant, dans l'attitude de la prière, les deux premiers protecteurs de l'ordre : les évêques Foulques et Raymond du Falgard.

Ce portail existe encore, mais bien caché, bien mutilé et à moitié enseveli sous des entassements de décombres et de terre transportée. Les remblais ont été faits à deux reprises, d'abord lorsque les religieux construisirent, dans le siècle dernier, le couvent qui masque la belle façade de leur église, et, de nos jours, lorsqu'on appropria ces locaux délaissés à l'étrange destination dont ils viennent enfin d'être délivrés.

Il ne paraît pas que le second portail, dont on aperçoit l'arc ogival dans le mur de façade, ait jamais été ouvert.

En entrant dans l'église on voyait à gauche le cœur des Religieux, fermé par de hautes boiseries. Il s'étendait depuis le mur de façade jusqu'au troisième pilier.

Au-dessus du portail d'entrée étaient placées les orgues, remarquables par la perfection et la variété de leurs jeux. Elles ornent aujourd'hui l'église de Saint-Pierre, autrefois des Chartreux, et l'une des huit colonnes de marbre qui les supportent appartenait, dit-on, au monument de saint Thomas-d'Aquin dont nous parlerons ailleurs. Deux belles rosaces, percées dans le mur de façade au-dessus des grandes portes, laissent pénétrer dans les nefs une douce lumière. Les vitraux qui les décorent sont anciens, ce sont les seuls qui aient pu échapper à la destruction. Ceux des fenêtres, au nombre de vingt, et dont la hauteur était de 10 mètres 40 centimètres sur une largeur de 2 mètres, existaient encore en 1812. On voulut leur substituer des verres blancs. Malgré les représentations de la Société Archéologique du Midi de la France, dont l'intervention a plus d'une fois réussi à protéger des monuments qui sont la gloire de notre cité, on brisa les meneaux, on maçonna les baies ogivales, et de misérables ouvertures arrondies, qui pourraient bien ne pas déparer un mur de grange ou de ferme rurale, occupent la place de riches et élégantes verrières. M. Virebent, alors architecte de la ville, fit enlever les vitraux avec de grandes précautions, et les déposa dans les galeries supérieures du chœur de Saint-Etienne. Mais une fatalité malheureuse pesait sur ces pauvres verrières. Une des toitures des galeries s'affaissa, et tout fut écrasé. Une seule, qui avait été déposée ailleurs, a été sauvée; elle orne à présent une des chapelles du côté droit du chœur de Saint-Etienne.

A droite du portail commençait la série des quatorze chapelles que nous allons parcourir. La première, placée entre les deux contreforts de la seconde travée, était dédiée à *saint Éloi*, patron des argentiers de Toulouse; la seconde à *saint Hyacinthe;* la troisième à *saint Antoine;* la quatrième à *sainte Catherine de Sienne.* Cette chapelle avait changé de vocable en 1621, sous le priorat de F. Claude Dubelli. Elle était primitivement dédiée au Saint-Esprit et plus petite que les autres. Dubelli la fit agrandir, la dédia à sainte Catherine de Sienne et la céda aux Sœurs dominicaines du tiers-ordre pour leurs sépultures. On y voyait au milieu des tombeaux des pieuses Sœurs, ceux de la comtesse *d'Aubijoux* et de la marquise de *Saint-Sulpice.*

Puis venait la chapelle de *Notre-Dame-de-Pitié*, qui était la cinquième; la sixième était dédiée à *saint Jacques*, apôtre, la septième à *saint Pie V;* la huitième à *saint Paul*, apôtre; la neuvième à *saint Joseph.*

La chapelle de *Notre-Dame-du-Rosaire* occupait le haut du chevet. C'était la plus spacieuse, la plus ornée, la plus aimée. Elle était de forme carrée, et couverte d'un dôme à quatre pans coupés surmonté d'un lanternon ouvert. Les murs, le dôme et le lanternon existent encore; tout le reste a disparu. On y aperçoit pourtant encore quelques restes précieux des belles fresques qui la décoraient. On y voyait des cœurs enflammés et les monogrammes de Jésus et de Marie, tantôt réunis, tantôt séparés, encadrés dans de gracieux rinceaux. Sur l'arceau principal et extérieur de la chapelle, on lisait l'inscription suivante :

REGINA SACRATISSIMI ROSARII

ORA PRO NOBIS

Après la chapelle de *Notre-Dame-du-Rosaire*, venait celle de *sainte Rose de Lima*, du tiers ordre de saint Dominique.

A la chapelle de sainte Rose succédait celle de saint Dominique. C'était une des plus fréquentées. Au rétable figurait une bonne statue dorée du saint fondateur de l'Ordre. On voyait, aux pieds de la statue, un grand reliquaire renfermant le crucifix que, d'après une tradition respectable, saint Dominique portait à la célèbre bataille de Muret. Le reliquaire et la relique sont pieusement conservés dans l'insigne basilique de Saint-Sernin.

Puis venait la chapelle de saint Pierre de Vérone, un des martyrs de l'Ordre.

Suivait un emplacement dans lequel était placé l'escalier qui conduisait dans la chaire à prêcher. L'ouverture de cet emplacement était masquée par un grand tableau représentant les plus illustres saints et saintes de la famille dominicaine.

La dernière chapelle était dédiée à saint Erasme.

En rentrant dans la nef on se trouvait en face du magnifique monument élevé à la gloire de saint Thomas d'Aquin. Il était de forme carrée. Une riche châsse, placée au centre, renfermait les reliques de *l'ange de l'école*. Un autel recouvert d'étoffes précieuses, s'élevait sur chacune de ses quatre faces. Un baldaquin d'une richesse et d'une élégance inouïes couronnait cet ensemble et frappait le regard d'étonnement et d'admiration. Il était l'œuvre de deux Religieux, les frères *Claude Barrey*. Les fonds qui ont servi à sa construction provenaient de pieuses donations et de pénibles quêtes faites en France, en Espagne et en Italie. Le duc de Nevers donna deux colonnes de marbre, et les six autres furent achetées avec les sommes fournies par deux Religieux : le F. *François Percin* et le F. *Jean Souville*.

Venait enfin le Chœur des Religieux, grave et sévère, dépouillé de cette riche ornementation que nous avons vu prodiguée partout ailleurs. C'était l'asile du recueillement, de la prière et des saintes méditations. Quatre fois par jour les pieux cénobites venaient y chanter l'office divin. Deux rangs de stalles avaient été établies de chaque côté, et, au fond, faisant face à l'autel, étaient les deux sièges du Prieur et du Provincial, surmontés d'un simple dossier.

Le P. Percin raconte que, vers l'an 1623, un jour que les Religieux étaient assemblés au Chœur pour le chant des Complies, la foudre tomba tout-à-coup sur la stalle où était le Sous-Prieur. Les Frères, sans s'émouvoir, suspendent un instant les chants sacrés, regardent le fluide électrique qui se précipite par le milieu du Chœur et va s'éteindre au pied du maître-autel, laissant après lui une épaisse fumée et une insupportable odeur de soufre. La fumée était demeurée si épaisse que les Frères ne purent sortir du Chœur qu'à tâtons, pour se rendre, selon l'usage, devant la chapelle du Rosaire. Dès qu'ils y furent arrivés, ils reprirent le chant des Complies au verset où ils s'étaient arrêtés. Puis, l'office étant terminé, et après l'oraison mentale qui se faisait tous les jours au même lieu et à la même heure, ils chantèrent un *Te Deum* solennel d'actions de grâces. On voyait encore, du temps du P. Percin, le trou pratiqué par la foudre dans la couronne qui surmontait le siége du Sous-Prieur.

SUPPLÉMENT

—

Inscriptions & peintures exécutées vers l'an 1626, sous le priorat de Frère Gabriel RANQUET, dans la salle capitulaire (voir la fin du chap. VI).

AU CÔTÉ GAUCHE DE LA SALLE.

F. JOURDAIN, Saxon, véritable israélite du Seigneur, chez lequel il n'y eut jamais d'artifice. Il fut le digne successeur de Notre Père Dominique dans le Gouvernement de l'Ordre, sous le Pape Honorius III. Il mourut en travaillant à l'extension de l'Ordre, l'an du Seigneur 1237.

F. JEAN DE UVALDESUSEN, Saxon, élevé plus tard à l'épiscopat, célèbre par le don des langues, et prédicateur illustre dans l'Eglise de Dieu; délivré de la charge épiscopale, il est créé quatrième Maître Général de l'Ordre, et meurt en 1258.

F. HUMBERT DES ROMAINS, Bourguignon, homme d'une éminente sainteté. Il fut Maître Général de l'Ordre depuis 1254 jusquen 1263. Ayant renoncé plus tard à cette dignité, il fut nommé Patriarche de Jérusalem par le Pape Nicolas III, mais il refusa constamment cette dignité et s'envola au Ciel l'an 1274.

F. HÉLIE RAYMOND, de Toulouse, élevé par la volonté du Pape Urbain V à la dignité de Maître Général de l'Ordre. Il reçut le corps de saint Thomas d'Aquin lorsqu'il dut être transféré à Toulouse. Il mourut en 1379.

F. JEAN DE VERCEIL, Lombard, maître en théologie et canoniste, sixième Général de l'Ordre, dont il visita à pied toutes les maisons. Ce B. Père fut orné de tant de vertus, qu'il fut jugé digne d'occuper le souverain Pontificat. Il mourut l'an du Seigneur 1283.

F. RAYMOND DU FALGARD, né au château de Miremont, diocèse de Toulouse, compagnon et ami de notre B. P. Dominique, le premier de notre Ordre qui fut élevé à l'épiscopat. Il gouverna l'église de Toulouse pendant vingt-neuf ans, transporta le couvent de l'église de Saint-Romain au lieu que nous habitons en ce moment; il donnait tous les ans du drap pour vêtir trente religieux. Il mourut l'an du Seigneur 1270.

F. MANÈS, Espagnol, frère germain (de père et de mère) de Notre Saint Père Dominique, digne rejeton de la noble famille des Guzman, prêcheur plein de piété et fécond dans l'Eglise de Dieu; illustre par le don des miracles et la pureté de ses mœurs, il mourut très saintement en 1250.

F. Pierre CELLANUS, Toulousain. Il fut l'un des premiers seize pères qui adoptèrent, avec le B. Dominique, notre règle; premier Prieur de Limoges; il donna à notre Ordre la maison de l'Inquisition. Il mourut dans ce couvent l'an 1257.

F. THOMAS, citoyen de Toulouse, homme très agréable, et doué d'une grande facilité d'élocution. Il n'était pas, comme on l'a dit, le frère germain de Pierre Cellani. Il fut aussi l'un des premiers Pères qui adoptèrent la règle du B. Dominique.

F. MAURICE, noble Toulousain, l'un des principaux fondateurs de notre couvent actuel ; prédicateur distingué, l'un des plus ardents défenseurs de la foi catholique contre les Albigeois; illustre par les miracles qu'il a opérés, il mourut l'an 1249.

F. REGINALD, Français, professeur en droit canonique et doyen de l'église d'Orléans, guéri d'une maladie grave et désespérée, par les prières de N. B. Père Dominique, fut revêtu à Rome, par les mains de Notre Père, de l'habit de notre Ordre, que la Sainte Vierge, Mère de Dieu, lui présenta dans une vision pendant qu'il était malade. Illustre par les miracles qu'il a opérés, il mourut à Paris, l'an du Seigneur 1224.

F. Bertrand de GARRIGUES, compagnon de saint Dominique, et après lui premier Prieur de Toulouse et Prieur provincial en Espagne, dévoué tout entier à la perfection de son âme et à celle de son prochain. Illustre par ses miracles, il mourut à Toulouse, l'an du Seigneur 1230.

F. COLOMBE, simple et innocent comme une colombe, il fut agréable à Dieu et aux hommes. Il était Prieur de Toulouse lorsque nos frères furent chassés de cette ville à cause de l'inquisition pour la foi catholique. Célèbre par ses miracles, il mourut l'an du Seigneur 1269.

F. PONS de Saint-Egide fut deux fois Prieur de Toulouse : la première fois, lorsque saint Dominique fut canonisé; la seconde fois, peu de temps après que les frères de notre Ordre furent chassés de Toulouse par les hérétiques. Célèbre par ses miracles, il mourut au couvent de Brives, l'an du Seigneur 1263.

F. ROMÉE, Catalan, serviteur infatigable de la Bienheureuse Vierge, qu'il saluait mille fois par jour en récitant à genoux l'Oraison Angélique. Il gouverna pendant longtemps avec gloire la province Narbonnaise. Il mourut à Carcassonne, célèbre par ses miracles, l'an 1261.

F. BARTHÉLEMY, de Bragance, évêque de Vence, créé Maître du Sacré Palais par le Pape Innocent IV. Légat apostolique en Syrie. Envoyé auprès de saint Louis, roi des Français, il reçut de la main du roi une Epine de la couronne de Notre-Seigneur. Il bâtit, en son honneur, un couvent dans sa patrie. Il mourut en 1268.

F. RAYMOND, de Capoue, général de l'Ordre, restaurateur de la vie régulière dans notre Ordre et confesseur de sainte Catherine de Sienne. Célèbre par sa science et sa sainteté, il mourut l'an du Seigneur 1399.

Le B. JACQUES, de Bevania, dans l'Ombrie, né le même jour et la même année que saint Thomas d'Aquin et le Bienheureux Ambroise de Sienne. Trois lumières aperçues en même temps dans les airs témoignèrent à la fois de la sublimité de leur doctrine et de la sainteté de leur vie. Ce B. Père, étant en oraison devant son crucifix, fut assuré de son salut. Il mourut l'an du Seigneur 1301.

Le B. Henri de SUZE, dont les yeux étaient toujours levés vers le Seigneur, brûlait d'un si grand amour de Dieu qu'il voulut écrire avec une pointe de fer le nom sacré de Jésus sur son cœur. Le sang coula en abondance. A cause de cela son nom fut changé, par Notre-Seigneur lui-même, en celui d'Amand. Il mourut l'an 1261.

F. Barthélemi des Martyrs, Portugais, archevêque de Brague, nommé malgré lui Primat du Portugal; plus tard, il se démit humblement de cette dignité. Les Pères du Concile de Trente eurent souvent recours à lui à cause de sa haute doctrine et de la sainteté de sa vie. Il mourut en 1590.

F. Louis de Grenade, très connu dans tout le monde chrétien par la supériorité de sa doctrine et de sa piété. Le Pape Grégoire XIII l'honora d'une lettre dans laquelle, à cause de ses hautes vertus, il se recommande à ses prières. Il mourut l'an 1588.

F. Sylvestre MAZULENSIS de PRIERIO, Piémontais, théologien très profond et canoniste, fut élevé à la dignité de vicaire-général de l'Inquisition. Il fut un physicien très distingué et Maître du Sacré Palais. Il mourut en 1521.

F. SAINT-PAGNINI, très versé dans les langues, fut nommé par le Pape Léon X interprète de la sainte Ecriture à Rome. Il a été loué par le F. Esprit Roter, inquisiteur à Toulouse.

AU CÔTÉ DROIT.

Six Frères Prêcheurs du couvent de Toulouse, décapités par les Albigeois, rentrèrent dans l'église de leur couvent portant miraculeusement leurs têtes dans leurs mains et précédés d'une lumière céleste.

F. François, de Toulouse, inquisiteur contre la perversité des hérétiques, après avoir subi divers tourments, infligés par les hérétiques, couronné d'épines et percé de flèches, est décoré d'un illustre martyre l'an 1260.

F. Guillaume ARNAULD, de Montpellier, inquisiteur de Toulouse, ainsi que deux Frères de l'Ordre, F. Bernard de Rochefort et F. Garcias d'Aure, deux Frères Mineurs, et plusieurs personnes catholiques, sont mis à mort à Avignonet, diocèse de Toulouse, par ordre de l'hérétique Raymond, comte de Toulouse, la veille de l'Ascension de Notre-Seigneur de l'année 1242.

F. Jean MALCHAUSSÉ, Prieur de Toulouse, transpercé par une balle de plomb, succombe à ses tortures et confirme avec son sang la vérité de la foi catholique, vers l'an du Seigneur 1360.

F. Vincent VALVERDE, évêque de Cusco et vicaire-général du Souverain Pontife dans la province Péruvienne, tué par les Indiens, est déclaré martyr vers l'an du Seigneur 1540.

F. Pierre GUILLOT, maître en théologie et Prieur du couvent de Castres, percé d'un poignard, jeté dans le fleuve, meurt vers l'an 1567.

F. Thomas de LENTINO, pendant qu'il est Prieur de Naples, donne l'habit de l'Ordre à saint Thomas. D'abord premier archevêque de Couza, puis Patriarche de Jérusalem, il florissait vers l'an 1250.

F. Thomas CANTIPRATAIN, du Brabant, jadis disciple du B. Albert, élevé de la dignité de suffragant de Cambrai au Patriarchat de Jérusalem, célèbre par sa sainteté et sa doctrine, florissait vers l'an du Seigneur 1260.

F. Raymond BÉGUIN, de Maître du Sacré Palais devint Patriarche de Jérusalem. Pendant qu'il était prieur de Toulouse, il acheva la grande sacristie du couvent actuel. Il mourut en 1328.

F. Nicolas de ANAPIS, de Rheims, pénitencier du Siége Apostolique, nommé Patriarche de Jérusalem par le Pape Martin IV, à la prière des Cardinaux de la sainte Église romaine, meurt l'an 1285.

F. Nicolas de ANCINIS, créé par Honorius IV, lui succéda. Il mourut en 1288.

F. Guillaume PÉRAULD, Français, évêque suffragant de l'église de Lyon, très distingué dans la philosophie et la théologie, florissait vers l'an du Seigneur 1555.

F. GUIDON de SOUILLIAC, Français, d'une illustre noblesse, fut créé par Innocent V archevêque de Bourges et Primat d'Aquitaine. Il florissait vers l'an du Seigneur 1276.

F. Thomas DONAT, noble Vénitien, homme distingué par ses lumières et ses vertus, est déclaré Patriarche de Venise à la demande de l'illustre Sénat de cette ville, vers l'an du Seigneur 1497.

F. MARTIN, Polonais, très versé dans le droit ancien et canonique, grand Pénitencier de la Cour romaine, évêque de Pola en Pologne, florissait vers l'an 1574.

F. Jacques appelé de Voragine, à cause de la profondeur de son savoir, (comme s'il avait *dévoré* la science de tous les Saints) (*sic*), jadis archevêque de l'église de Gênes, florissait vers l'an du Seigneur 1298 (1).

F. Ambroise CATHARINUS POLITIANUS, de Sienne, homme disert et d'un esprit orné, autrefois archevêque de Conza. Il florissait vers l'an du Seigneur 1550.

D. F. Guillaume-Pierre de GODIVO, de Bayonne, Maître du Sacré Palais, puis Cardinal-évêque de Sabine. Il acheva de ses deniers l'église de ce couvent qu'il dédia à la divine Vierge. Il est enseveli au côté droit de l'autel du chœur. Il mourut l'an 1336.

F. Vincent de BEAUVAIS, Bourguignon, illustre par son savoir. Grâce aux largesses de Philippe (2), roi des Français, il put composer

---

(1) Il est plus probable que le surnom de Voragine, Varagine ou Viragine, lui est venu d'un bourg de ce nom, situé dans les États de la république de Gênes, dans lequel il avait pris naissance.

(2) Il est évident qu'il y a ici une erreur : au lieu de Philippe, il faut lire Louis IX, prédécesseur de Philippe III, dit le Hardi.

ses *Miroirs*, recueillis d'une foule d'écrits relatifs aux différentes sciences. Il florissait vers l'an du Seigneur 1244.

F. Bernard GUIDONIS (ou LA GUIONIE), de Limoges (1), historien très habile; d'inquisiteur de Toulouse devenu évêque de Lodève (2), florissait vers l'an du Seigneur 1296.

F. DURAND de Saint-Porcin, homme merveilleusement versé dans la doctrine scholastique. D'abord Maître du Sacré Palais, il devint dans la suite évêque de Meaux (3). Il florissait vers l'an du Seigneur 1312.

F. Melchior CANUS, Espagnol, autrefois évêque des Canaries, s'attira l'admiration du Concile de Trente. Il florissait vers l'an du Seigneur 1540.

CÔTÉ DROIT DE L'AUTEL, EN HAUT.

Saint PIERRE de VÉRONNE, martyr, inquisiteur de la sainte Foi, vierge et docteur, est mis à mort par les impies hérétiques; il règne au ciel couronné d'une triple auréole. Il fut canonisé en 1243.

F. CONRAD, premier martyr de l'Ordre, premier Légat de Grégoire IX en Germanie, fut tué par les hérétiques pendant qu'il prêchait, en 1228.

F. BÉRANGER, archevêque de Cracovie, blessé par les impies au côté droit, monta au ciel en vainqueur, l'an du Seigneur 1230.

F. Barthélemi PETIT, de Bologne, apôtre et archevêque des Arméniens; après avoir souffert de la main des Turcs bien des tourments pour la foi de Jésus-Christ, il mourut l'an du Seigneur 1318.

F. Jean HUNGARUS, d'inquisiteur devenu évêque, se voit enlever la peau par les hérétiques comme un autre saint Barthélemy et meurt l'an du Seigneur 1230.

F. Nicolas HUNGARUS, d'inquisiteur devenu évêque, assailli à coups de pierres, puis transpercé par un glaive, mourut l'année 1230.

F. Antoine, Espagnol, évêque de Nicaragua, apôtre des Indes, qui pour avoir voulu réformer les mœurs des Espagnols dans les Indes, fut tué l'an 1540.

F. PONS, Espagnol, inquisiteur à Urgel, empoisonné par les hérétiques, mourut l'an du Seigneur 1242. Il devint célèbre par ses miracles.

Le B. PAYEN, inquisiteur en Italie, frappé par le glaive des hérétiques en même temps que son compagnon le F. Conrad, reçut la palme du martyre l'an du Seigneur 1274.

F. ROBERT BELIBERI, Anglais, d'abord évêque de Cantorbéry et Primat des Anglais, devint plus tard Cardinal-évêque de Porto. Il mourut vers l'an du Seigneur 1280.

(1) Il était né dans un petit village du diocèse de Limoges, près de Roche-Abeille,
(2) Il avait été d'abord évêque de Tuy en Galice.
(3) Il avait été précédemment évêque du Puy-en-Velay.

F. HUGUES, Français, de Maître du Sacré Palais devenu d'abord évêque-cardinal de Sabine, le fut plus tard d'Ostie. Il mourut l'an du Seigneur 1248.

F. Guillaume MARESFELD, Anglais, maître en théologie, fut élevé, pendant son séjour à Paris, à la dignité de cardinal de Sabine. Il mourut l'an du Seigneur 1363.

F. Walter WINKERBRUN, Anglais, cardinal de Sabine, Légat apostolique, fut député, par les cardinaux du Sacré-Collége, d'Italie en France, auprès de Clément V, l'an du Seigneur 1303.

F. Thomas JORGE, Anglais, archevêque d'Armacha, confesseur du roi des Anglais, cardinal de Sabine, est envoyé en qualité de Légat auprès de l'empereur Ferdinand. Il mourut l'an du Seigneur 1311.

F. Nicolas FARINOLE, confesseur de Philippe (V, le Long), roi des Français, créé par le Pape Clément V cardinal du titre de Saint-Eusèbe, mourut l'an du Seigneur 1320.

F. Mathieu ORSINI, Romain, d'archevêque de Siponto devenu cardinal de Sabine, fit à l'Ordre d'innombrables aumônes. Il mourut l'an du Seigneur 1311.

F. Gérard DE SAINT-ADHÉMAR, Français, de Maître Général de l'Ordre, devenu cardinal-évêque de Sabine, mourut dans ce couvent de Toulouse, étant Légat apostolique, l'an du Seigneur 1300.

F. Jean des MOULINS, Français, d'Inquisiteur de Toulouse élevé premièrement à la dignité de Maître du Sacré-Palais, puis Général de l'Ordre, et enfin, cardinal de Sainte-Sabine, mourut l'an du Seigneur 1358.

F. Nicolas ROSELLI, Espagnol, Prieur de la province d'Aragon et Inquisiteur de la Sainte Foi, nommé par le Pape Innocent V cardinal du titre de Saint-Sixte, mourut l'an du Seigneur 1352.

F. Guillaume SUDRE, Français, de la province de Toulouse, de Maître du Sacré Palais devenu 1º évêque de Marseille, et plus tard cardinal d'Ostie, mourut l'an du Seigneur 1336.

F. Philippe GOZZA, Romain, grand Pénitencier, d'abord évêque de Tibur, puis cardinal du titre de Sainte-Suzanne, envoyé en qualité de Légat apostolique à Lucques et à Pize, mourut l'an du Seigneur 1383.

F. Nicolas CARRACCIOLO, Napolitain, Inquisiteur général de la foi pour le roi de Sicile, cardinal du titre de Saint-Cyriaque, envoyé en qualité de Légat apostolique auprès du roi de Naples, mourut l'an du Seigneur 1382.

F. Nicolas DE SAINT-SERNIN, Français, de Maître du Sacré Palais élu par le Pape Clément VI cardinal du titre de Saint-Sixte, mourut à Avignon l'an du Seigneur 1382.

F. Jean DE CHATEAUNEUF, Espagnol, de Maître du Sacré Palais devenu d'abord évêque de Tulle, puis cardinal du titre des Quatre Couronnés, mourut l'an 1398.

F. Jean de CAZANEUVE, Espagnol, de Maître du Sacré Palais élevé par le Pape Eugène IV à la dignité de cardinal du titre de Saint-Sixte, mourut l'an du Seigneur 1436.

F. Garcias de LOAISA, Espagnol, de Maître du Sacré Palais devenu archevêque de Séville et cardinal du titre de Sainte-Suzanne, mourut vers l'an 1546.

F. Nicolas SCOMBERG, Suédois, de Maître Général de l'Ordre, créé archevêque de Capoue, devient cardinal du titre de Saint-Sixte, l'an du Seigneur 1535.

F. Jean de TOLÈDE, Espagnol d'une haute noblesse, d'abord archevêque de Compostelle, et inquisiteur de la Sainte Foi, puis cardinal-évêque d'Albano, mourut en 1557.

F. Thomas de BADIA, de Modène, habile et illustre savant, de Maître du Sacré Palais devint cardinal-évêque de Saint-Sylvestre l'an 1542. Il mourut en 1547.

CÔTÉ DROIT, TOUT-A-FAIT EN HAUT

Au Seigneur Pape HONORIUS III, par lequel l'Ordre des FF. Prêcheurs a été confirmé l'an du Seigneur 1216.
Pour perpétuer le souvenir de ce bienfait, les FF. de l'Ordre ont tracé cette inscription commémorative.

Le Pape INNOCENT V, appelé, avant son élévation, Fr. Pierre de Tarantaise, Bourguignon, d'abord cardinal-évêque d'Ostie, est élu Souverain-Pontife l'an du Seigneur 1295.

CÔTÉ GAUCHE.

BENOIT XI, appelé, avant son élévation, Fr. Nicolas de Trévise, Italien, de Cardinal d'Ostie devint Souverain-Pontife l'an du Seigneur 1303, et fut célèbre par ses miracles.

S. PIE V, appelé, avant sa promotion, Fr. Michel Ghisléri, Lombard, Cardinal du titre de Ste-Marie-sur-Minerve, fut créé Souverain-Pontife l'an 1566.

CÔTÉ GAUCHE DE L'AUTEL, EN HAUT.
SAINTS CONFESSEURS.

S. THOMAS d'AQUIN, l'angélique Docteur de l'Église et la gloire de l'Ordre des FF. Prêcheurs, dont nous possédons le Sacré Corps. Il mourut l'an du Seigneur 1274.

S. ANTONIN, archevêque de Florence, très versé dans le droit canonique et la science de l'antiquité. Il mourut l'an du Seigneur 1418.

S. Vincent FERRIER, de Valence, Missionnaire apostolique, Maître du Sacré Palais, Prédicateur du jugement dernier. Il mourut l'an du Seigneur 1418.

B. HYACINTHE, noble Polonais, disciple de S. Dominique, et l'un des plus remarquables serviteurs de la Bienheureuse Vierge Marie, mourut l'an du Seigneur 1257.

S. Raymond de PENNAFORT, de Barcelonne, Grand Pénitentier du Pape Grégoire (IX), et troisième Maître-Général de l'Ordre, mourut l'an du Seigneur 1275.

S. Louis BERTRANDI, Espagnol, doué du don de Prophétie, fut miraculeusement délivré du poison qu'il avait pris pour la défense de la foi catholique. Il mourut l'an du Seigneur 1581.

B. Gonzalès AMARANTHE, Portugais, ayant eu une révélation de la Vierge Mère de Dieu, d'Abbé se fit Frère de l'Ordre. Célèbre par la sainteté de sa vie et ses miracles, il mourut l'an du Seigneur 1259.

B. ALBERT, Allemand, Evêque de Ratisbonne, appelé le Grand, à cause de son profond savoir en philosophie, s'étant démis de son siége épiscopal, rentra dans sa cellule et mourut l'an du Seigneur 1290.

B. Ambroise SANSEDOINE, de Sienne, prédicateur ardent, honoré, pendant qu'il prêchait, de l'inspiration du Saint-Esprit, qui parut sous la forme d'une colombe. Il mourut l'an du Seigneur 1286.

B. CONRAD, Allemand, Professeur de Théologie à Bologne, gagné à l'Ordre par les prières de notre Père S. Dominique, y vécut très saintement et brilla par le don des miracles. Il mourut l'an du Seigneur 1239.

B. MONETA, de Crémone, Philosophe très distingué, et Professeur à Bologne, attiré à l'Ordre par les sermons du B. Réginald, mourut, illustre par ses miracles, l'an du Seigneur 1235.

B. ROLAND, de Crémone, Professeur de Théologie, chassait le démon des corps des possédés par sa virginité qu'il conserva toujours. Célèbre par ses miracles, il mourut l'an du Seigneur 1639. Il fut le premier Professeur de Théologie de son temps.

B. WALTER, Allemand, Professeur de Philosophie et de Médecine, attiré à l'Ordre par les prédications du Révérend Jourdain, y vécut très saintement et mourut l'an du Seigneur 1239.

B. CLARI, de Bologne, professeur de droit canon très distingué, grand pénitencier du Pape Honorius III, entra dans l'Ordre vers l'an du Seigneur 1219.

B. RODOLPHE, docteur en l'un et l'autre droit, recteur de l'église Saint-Nicolas de Bologne, se donna lui-même et donna son église à l'Ordre pour y bâtir un couvent. Il mourut l'an du Seigneur 1259.

B. PIERRE de Saint-Astérie, désirant s'occuper uniquement de son salut, obtint la permission de quitter son évêché de Périgueux pour rentrer dans l'Ordre. Il y mourut en odeur de sainteté l'an du Seigneur 1267.

B. Jean de ALLODIIS, chanoine et chancelier de Paris, nommé par le Saint-Siége évêque de la même ville, aime mieux le repos du cloître qu'il embrasse en entrant dans notre Ordre, l'an du Seigneur 1280.

B. NICOLAS, de Ravenne, docteur-médecin, revêtu de l'habit de notre Ordre par le B. Jean Dominique, était ravi en extase au seul souvenir de la Passion de Jésus-Christ. Célèbre par ses miracles et par le don de prophétie , il mourut l'an du Seigneur 1398.

B. RÉGINALD, autrefois l'ami et le compagnon inséparable de saint Thomas, dont il chercha à acquérir la science et la sainteté. Il mérita d'être honoré après lui du titre de Maître en théologie.

B. Albert de BRESCIA, à qui saint Augustin daigna révéler la gloire de Saint Thomas, après la mort de ce saint Docteur : « Thomas, dit-il, est égal à moi dans la gloire. » Il mourut l'an du Seigneur 1284.

B. VENTURINO, de Bergame, prédicateur vraiment apostolique, célè-bre par les dons de prophétie et des miracles, mourut l'an du Sei-gneur 1346.

B. François RETZA, professeur de théologie en Autriche , serviteur infatigable de la Vierge Mère de Dieu, vivant et mourant, eut toujours sur les lèvres la Salutation angélique. Il mourut l'an du Seigneur 1406.

B. CONRADIN, de Brescia, ami de la chasteté, mérita de recevoir de la Vierge Mère de Dieu une onction autour des reins qui le mit à l'abri des aiguillons de la chair. Célèbre par ses miracles, il mourut l'an du Seigneur 1429.

B. HENRI, de Cologne, prieur provincial de Terre-Sainte, très cher à saint Louis, roi de France, qu'il accompagna dans son expédition au-delà des mers, mourut l'an 1280.

B. Pierre MALDURA, de Bergame, compilateur de saint Thomas et auteur d'une concordance de la doctrine du Saint Docteur, mourut, célè-bre par ses miracles, l'an 1470.

B. Alain de la ROCHE, Breton, prédicateur pieux. Averti par la Sainte Vierge mère de Dieu, il rétablit la dévotion du Rosaire presque ruinée. Il mourut l'an du Seigneur 1475.

B. Jean TAULÈRE, de Cologne, illustre par le don de prophétie et le premier prédicateur de son temps, mourut l'an du Seigneur 1451.

F. Jean CAPRÉOLE, Toulousain, homme saint et éminent, profondé-ment versé dans la doctrine de saint Thomas qu'il défendit avec gloire.

F. François VICTORIA, professeur théologien de Salamanque, brilla en 1546.

F. Dominique SOTO, professeur à Salamanque, florissait vers l'an 1562.

F. Barthélemi MÉDINA, professeur théologien de Salamanque.

F. Dominique BANNÈZ, professeur de théologie à Salamanque.

F. Jean NIDER, Suédois, maître en théologie et en droit canon, réformateur de la vie régulière en Germanie, et envoyé par le Pape Eugène, en qualité de Légat apostolique, au Concile de Bâle.

AU CÔTÉ DE LA FENETRE, EN HAUT.

Le cardinal de RAGUSE, légat apostolique, célèbre pas ses miracles , mourut l'an du Seigneur 1420.

B. Jean DOMINIQUE, de Florence, archevêque de Raguse, cardinal du titre de Saint-Sixte, légat en Hongrie contre les Hussites : « Il brille et il brûle ; il veille et il garde. »

Cardinal de La Tour Brulée (de Turre crematâ), légat apostolique, mourut l'an du Seigneur 1468.

F. Jean de La Tour Brûlée, Espagnol, de maître du Sacré Palais créé cardinal évêque de Sabine, est envoyé en Espagne en qualité de légat.

Cardinal CAJETAN, légat apostolique, meurt l'an du Seigneur 1534.

F. THOMAS de Vie Cajetan, de maître du Sacré Palais devenu cardinal du titre de Saint-Sixte, est envoyé en qualité de légat en Germanie contre Luther.

Cardinal ALEXANDRIN, légat apostolique, meurt l'an du Seigneur 1597.

F. Michel BONNELLI, cardinal du titre de Sainte-Marie sur Minerve, Patriarche de Constantinople, est envoyé auprès des rois Charles IX en France et Philippe II en Espagne.

CÔTÉ DROIT, EN HAUT, SUR LE MUR DU CLOÎTRE.

F. Pierre DORÉ, professeur de théologie à Paris.

F. Guillaume PEPIN, professeur de théologie à Paris en 1527.

F. Mathieu ORI, professeur de théologie à Paris.

F. Dominique SERGIT, de Laval, professeur de théologie à Paris.

CÔTÉ DROIT, EN HAUT.

F. HANNIBALD, Romain, de la Basilique des douze Apôtres, est envoyé en qualité de légat apostolique à Charles, roi d'Angleterre.

Cardinal HANNIBALD, légat apostolique, mourut l'an du Seigneur 1272.

Cardinal LATIN, légat apostolique, mourut l'an du Seigneur 1294.

F. LATIN, Romain, de la famille de saint Grégoire pape, cardinal-évêque d'Ostie, légat de Bologne.

Cardinal du PRAT, légat apostolique, meurt l'an du Seigneur 1322.

P. Nicolas du PART, Lombard, cardinal du titre de Saint-Sixte, légat apostolique auprès de plusieurs princes chrétiens.

HUGO, cardinal de Saint-Cher, légat apostolique, meurt l'an du Seigneur 1292.

F. HUGO, Bourguignon, chargé d'apostiller les saints livres, du titre de Sainte-Sabine, légat auprès des électeurs de l'Empire.

Nous avons traduit avec un pieux respect ces inscriptions, fastes glorieux de l'Ordre Dominicain. Nous eussions mieux aimé les donner en latin telles qu'elles étaient écrites sur les murs de la grande salle capitulaire. Mais le latin n'est plus la langue du peuple, et peu de gens auraient pu savourer ce parfum de sainteté qui s'exhale de la lecture de ces simples annales. On y trouve, à côté de noms très connus, des noms presqu'entièrement oubliés et dont les murs eux-mêmes ont perdu la trace et le souvenir. Nous avons cru faire une œuvre pie en ajoutant ce supplément et, peut-être, quelqu'âme simple et bonne nous remerciera.

Toulouse, imprimerie Pradel et Blanc, rue des Gestes, 6.

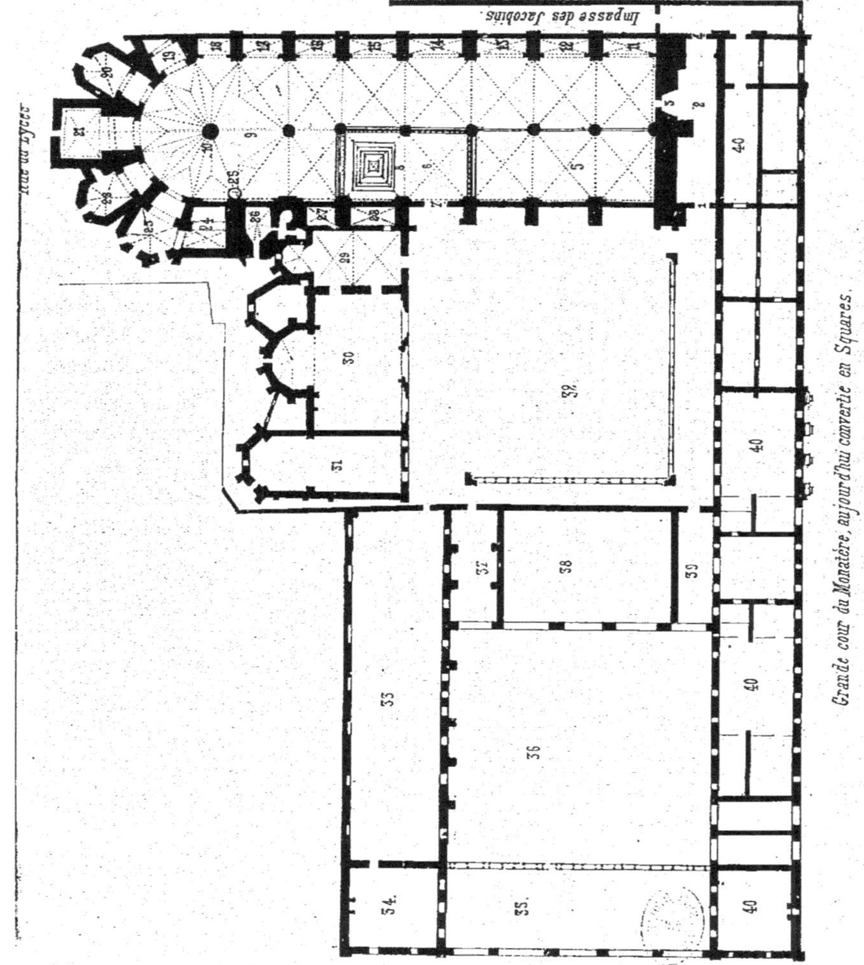

EXPLICATION DU PLAN

1 Portail d'entrée du porche de l'église.
2 Porche de l'église.
3 Portail de la Façade servant d'entrée aux fidèles dans l'église.
4 Porte latérale du porche s'ouvrant dans le cloître.
5 Cœur fermé des religieux.
6 Plate-forme tenant deux emplacements de chapelle, environnée de grilles et exhaussée de plusieurs marches dans son pourtour.
7 Portail intérieur s'ouvrant dans le cloître et servant d'issue aux religieux pour entrer sur la première moitié de la plate-forme, et descendre de là dans le cœur.
8 Grand monument consacré aux reliques de St Thomas s'élevant sur la seconde moitié de la plate-forme.
9 Grande nef de l'église à l'usage des fidèles.
10 Gros pillier supportant la retombée des arêtes de voûte du chevet de l'église.
11 Emplacement de Chapelle sans autel ni vocable.
12 Chapelle de St Eloi, a l'usage des argentiers.
13 Chapelle de St Hyacinte.
14 Chapelle de St Antoine.
15 Chapelle de Ste Catherine de Sienne.
16 Chapelle de notre dame de pitié.
17 Chapelle de St Jacques apôtre.
18 Chapelle de Pie V.
19 Chapelle de St Paul apôtre.
20 Chapelle de St Joseph.
21 Chapelle de notre Dame du Rosaire.
22 Chapelle de Ste Rose de Lima.
23 Chapelle de St Dominique.
24 Chapelle de St Pierre Martyr.
25 Chaire à prêcher.
26 Emplacement de Chapelle sans autel ni vocable, dans lequel était placé l'escalier pour monter à la chaire.
27 Chapelle de St Erasme.
28 Emplacement de Chapelle sans vocable, percé d'une porte pour aller à la sacristie.
29 Sacristie.
30 Salle Capitulaire.
31 Chapelle de St Antonin.
32 Cloître, (état actuel.)
33 Grand Réfectoire.
34 Petite cour donnant sur la Rue Pargaminières.
35 Bâtiments de décharge.
36 Cour où était le petit cloître.
37 Passage voûté d'ogives, jadis peint à fresque.
38 Seul reste du couvent primitif.
39 Passage